머신러닝

유동우

16

도서출판 해남

머신러닝

초판1쇄 인쇄 2024년 10월 17일
초판1쇄 발행 2024년 10월 25일

저 자 유동우
발행인 노현철
발행처 도서출판 해남

출판등록 1995. 5. 10 제 1-1885호
주 소 서울특별시 마포구 마포대로8길 9 영명빌딩 405호
전 화 739-4822 **팩스** 720-4823
이 메 일 haenamin30@naver.com
홈페이지 www.hpub.co.kr

ISBN 978-89-6238-816-9 93320

이 저서는 2021년 대한민국 교육부와 한국학중앙연구원(한국학진흥사업단)을 통해 K학술확산 연구소사업의 지원을 받아 수행된 연구임(AKS-2021-KDA-1250002).

머리말

인공지능을 위한 통계학과 파이썬 코딩을 강의하면서 학생들에게 이야기합니다. 앞으로 여러분은 40년은 더 일해야 할 텐데, 인공지능을 피해 갈 수 있는 방법은 아마도 별로 없을 것이니 열심히 공부하라고 말입니다. 인공지능의 발전 속도는 이 책을 처음 썼을 때와 마무리하고 있는 지금의 차이가 상당하다고 느껴질 정도로 빠릅니다.

이 책은 학생들에게 인공지능을 위한 통계학을 강의하였던 강의노트를 정리한 것에 가깝습니다. 그나마 다행인 것은 기본적인 수학적, 통계학적 원리를 최대한 쉽게 강의하는 것을 목적으로 하였기에 빠른 인공지능의 발전에 비교적 영향을 적게 받는다는 것입니다. 인공지능이 빠르게 발전하더라도 여전히 인간을 교육하는 것은 인간의 영역이라는 생각이 듭니다. 특히나 어려운 수학적, 통계학적 개념은 실수와 반복학습 그리고 선생님이 강제로 시키는 공부를 통해 배울 수밖에 없는 것 같습니다. 제 아이들은 유튜브를 통해 정말 다양한 지식을 습득하지만, 이 책에서 설명하는 분산, 미분, 연쇄법칙, 선형 분석, 확률 밀도 함수, 최대가능도 추정법, 로짓 분석과 머신러닝을 유튜브 비디오를 보듯이 즐겁게 학습하는 것은 어려울 것입니다. 수학과 통계학을 공부하는 것은 즐거움과는 별개로 많은 노력이 필요하기 때문입니다.

하지만 그래도 머신러닝을 수학적으로, 통계학적으로 이해하기 위한 노력을 조금이나마 줄여 주기 위해 이 책을 썼습니다. 친절한 선생님이 되어서 수학을 잘 못하는 학생에게도 머신러닝의 원리를 무서워하지 않게 하기 위해서입니다. 이 책을 읽고 머신러닝을 잘하게 되지는 못하더라도, 머신러닝을 무서워하지 않고 계속 배우고 싶다는 마음이 생기도록 책을 썼습니다. 제가 예전에 통계학을 배울 때 어려웠던 점들뿐만 아니라, 이상하다고 생각하였던 점들에 대해 수학을 최대한 빼고 쉽게 설명하려고 노력하였습니다.

제가 처음 통계학에 대해 이해하였구나 하는 생각을 하게 만들어 준 시점은 대학원에서 Lung-Fei

Lee 교수의 선형 분석 수업을 듣고 난 뒤에, Maddala 교수가 유작으로 쓴 책을 혼자서 읽고 난 후였습니다. 그리고 Lung-Fei Lee 교수의 학생이 되어, 계량경제학에 대해 많이 배웠기에 지금도 감사드립니다. 그리고 직접 가르침을 받지는 못하였지만, Maddala 교수께도 고마움을 느낍니다.

이제는 더 많은 사람들이 어쩔 수 없이 머신러닝을, 그리고 인공지능을 공부해야 할 것 같습니다. 그리고 관련된 수학적, 통계학적 내용을 공부하면서, 제가 겪었던 어려움을 조금이나마 적게 겪었으면 하는 마음에 이 책을 씁니다. 누군가에게는 조금이나마 제가 배웠던 내용을, 알고 있는 내용을 공유해 어려움을 덜 수 있기를 바랍니다. 그리고 제 딸인 유래인과 제 아들인 유도윤, 그리고 제 아내인 김윤하도 이 책을 읽고 머신러닝을 공부해야겠다는 마음을 가져보기를 조심스레 희망해 봅니다. 마지막으로 책을 잘 만들어 주신 해남의 편집진께도 감사드립니다.

2024. 9
유동우

차례

들어가며

챗GPT가 공개된 이후로 코딩을 다루는 것이 훨씬 쉬워지게 되었다. 인공지능을 이해하는 이론적 기초 중 상당 부분은 코딩과 통계로 이루어져 있다. 코딩은 챗GPT가 상당 부분 대신해 주고, 오류도 수정해 주니, 남은 것은 인공지능과 관련된 통계이론을 이해하는 것이 되었다. 2023년 1학기 학생들에게 인공지능을 이해하기 위한 자료 분석 방법론 중 시작 부분인 선형 분석을 강의하였다. 목표는 많이 강의하는 것이 아니라 학생들이 이해할 수 있게 쉽게 반복해서 강의하는 것이었다.

학생들은 쉽게 이해할 수 있도록 강의하는 선형 분석(linear regression)• 강의를 좋아하였다. 통계학이라는 분야를 이해하지 않고, 공식을 외워서 시험을 치는 것에 익숙한 학생들이 많았다. 강의는 통계학의 기초 개념인 분산부터 천천히 강의하는 것으로 시작하였다. 분산은 자료가 분포된 정도를 측정하

선형 분석: 선형 분석은 다양한 자료 분석의 시작점이라고도 할 수 있다. 인공지능의 자료 분석 단계는 선형 분석, 로짓 분석, 머신러닝, 딥러닝의 순서로 이루어지는 경향성이 크다.

는 통계학의 핵심 개념이지만, 그 개념을 이해하지 못하는 학생들이 많다는 것은 예전의 강의 경험에서 알고 있었다. 분산이 왜 중요한지, 어떤 개념인지를 반복해서 여러 번 강조하고 난 후, 그 다음 과정으로는 미분을 강의해야 하였다.

미분은 기울기 또는 변화율과 관련된 중요한 개념이지만, 미분이라는 개념 또한 공식을 외워서 시험만을 치는 것에 익숙한 학생들에게 왜 중요한지, 어떻게 도출되는 것인지, 통계학에서 어떻게 활용되는지, 특히 선형 분석에서 어떻게 활용되는지를 강의해야 하였다. 그리고 다음 과정으로는 선형 분석에 많이 활용되는 미분의 연쇄법칙에 대해서 학생들이 지겨워할 정도로 반복해서 강의하였다. 챗GPT와 인공지능과 연계하니 미분과 연쇄법칙이 기초적 선형 분석이 왜 필요한지에 대해서도 직관적으로 알려 줄 수 있었다.

많은 과정은 반복이었고, 최대한 쉽게 강의하려 하였다. 분산과 미분에 기초하고 있는 선형 분석을 강의하고, 학생들의 이해에 중점을 두자 수업 분위기가 달라지기 시작하였다. 그리고 선형 분석을 배운 학생들 중 몇 명은 통계학을 더 배우고 싶어 하였다. 몇몇 학생들이 방학 때 통계학을 더 가르쳐 달라는 요청을 하였다. 학생들이 방학 때 학점도 주지 않는 비교과 수업을 해달라고 요청하는 것은 흔치 않은 일이었고, 그 요청을 받아들여 방학 때 학점을 주지 않는 비교과 과정으로 머신러닝•을 강의하기로 하였다.

목표는 쉽게 이해할 수 있도록 강의하는 것이었다. 하지만 선형 분석과는 달리 머신러닝을 강의하는 것은 쉽지 않았다. 많은 머신러닝 강의나 교과서에서는 선형 분석, 로짓 분석의 단계를 거쳐 머신러닝으로 진행하는데, 결괏값이 0과 1로만 나오는 로짓 분석을 쉽게 설명해 놓은 강의 또는 설명 자료를 도무지 찾을 수가 없었다. 로짓 분석을 대학원에서 강의하고 통계학을 상당히 많이 공부한 나도 쉽게 이해하기 어려운 자료들이 대부분이었다. 대학원생들에게 강의할 때는 좀 어렵게 강의해도 괜찮았다. 하지만 더 이상 그렇게 강의하면 안되었다.

로짓 분석을 쉽게 강의하려니, 최대가능도 추정법•이라는 통계기법을 강의해야 하였다. 로짓 분석이 최대가능도 추정법에 기반하고 있기 때문이다. 최대가능도 추정법을 강의하려고 하니, 확률 밀도

머신러닝: 머신러닝에는 여러 가지 방식이 있지만 이 책에서는 데이터를 학습용 데이터와 확인용 데이터로 나누어 분석하고 예측하는 방식을 의미한다.

최대가능도 추정법: 최우도 추정법이라는 이름도 많이 사용되고 있다. 다만 이름이 어려운 측면이 있어 이름을 통해 어떤 통계방식을 사용하는지 알기가 어렵다. 이 책에서는 좀 더 직관적으로 통계기법을 표현하고 있는 최대가능도 추정법이라는 이름을 사용한다.

함수를 수학적으로 강의해야 하였다. 그리고 확률밀도 함수를 수학적으로 강의하려고 하니, 익스포넨셜•이라는 개념에 대해 강의해야 하였다. 막막했지만 중요하였다. 그리고 학생들이 먼저 요청했으니 해야 하였다. 그리고 지금까지 강의해 왔던 선형분석과, 여름 방학 동안의 강의 결과물이 이 책이다. 지금까지 강의하였던 방식과는 다르게 최대한 쉽게 쓰려 하였다.

익스포넨셜: 어떠한 현상이나 수치가 갑자기 늘어나는 현상과 관련된 수학 용어이다. 이자율을 100%로 한 번 받는 것보다 복리 50%로 두 번 받는 것이 더 많은 이자를 받을 수 있는 것과 관련된 수학적 개념이다.

처음 목적은 수학과 수식을 최대한 자세하게 설명해 주는 것이었는데, 목표를 바꾸어 수학과 수식을 최대한 사용하지 않고 직관적으로 설명하는 것으로 목표를 바꾸었다. 수학과 수식을 사용해서 설명하는 책과 강의 또는 설명 자료는 이 책 말고도 많기 때문이다. 하지만 혹시 수학과 수식을 참고하고 싶은 사람들을 위해서 참고 자료도 마지막에 제공한다.

쉬운 설명을 위해 혹시 알고 있는 사람에게는 지루할 정도로 자세하게 적고자 하였다. 하지만 학생들에게 강의해 본 경험에 따르면, 내가 알고 있는 것을 학생들도 당연히 알고 있으리라고 생각하면 학생들은 잘 따라오지 못한다. 지루할 정도로 반복해야 학생들이 더 잘 따라온다. 그리고 선형 분석에서 머신러닝까지 최단거리로 직관만을 이해할 수 있도록 하는 것을 목표로 하였다. 그래서 엄밀하기보다는 대략적이고, 중요한 개념들도 생략한 경우가 많을 수도 있다. 그래서 통계학을 잘 아는 사람이 보면 이건 이렇게 가르치면 안되고, 좀 더 정확하게 다루어야 하는데 하는 부분이 많을 수도 있다. 하지만 통계학을 잘 모르는 사람도 반복해서 읽고, 다른 관련 자료와 함께 읽으면 따라 올 수 있는 것을 목표로 하였다. 부정확한 부분이 많더라도 지금까지 머신러닝과 관련된 책 중 가장 쉽고 직관적인 책이 되는 것이 목표이다. 그래서 이 책의 서술방식은 학생들에게 강의한 경험을 전달하는 방식을 택하였다. 책의 서술방식에서 학생들에게 강의한 이야기가 많이 나오는 것은 그 방식이 내가 머신러닝을 이해하고 있는 방식이기 때문이다.

1

선형 분석

분산과 자유도

미분과 연쇄법칙

데이터 생성 과정과 선형 분석

가설검정과 표준편차

분산과 자유도

선형 분석은 모든 자료 분석의 시작점이라고도 할 수 있다고 학생들에게 이야기한다. 그리고 그것은 사실에 가깝다. 통계학에 자신 없어 하는 학생들이 있다면, 여러 가지 이유가 있지만, 그중 하나는 선형 분석에 대해 별로 자신이 없기 때문인 경우가 많다. 많은 학생들은 자신이 통계를 어려워하는 이유가 선형 분석을 충분히 공부하지 않았기 때문이라는 사실을, 선형 분석을 이해하고 나면 알게 되는 경우가 많다. 선형 분석을 잘 이해하기 위해서 내가 강조하는 것은 세 가지이다. 하나는 분산, 다른 하나는 미분, 그리고 마지막은 미분의 연쇄법칙이다.

우선 분산부터 설명해야 한다. 분산은 데이터가 분포되어 있는 정도를 측정하는 개념이다. 이렇게 이야기하면 잘 이해되지 않을 수도 있다. 그래서 예를 들어서 설명하는 것이 중요하다. 예를 들어, −1과 1이라는 데이터가 있다고 하자. 이 데이터의 평균은 0이다. 그리고 −100과 100이라는 다른 데이터가 있다고 하자. 그리고 이 데이터의 평균도 0이다. −1과 1이라는 데이터와 −100과 100이라는 데이터는 평균은 같지만 데이터가 분포되어 있는 정도는 다르다. −1과 1은 평균인 0 주위에 데이터가 분포되어 있고, −100과 100은 평균인 0에서 멀리 데이터가 분포되어 있다. 이렇게 평균은 같지만 분포가 다른 데이터의 차이점을 구분하기 위한 지표가 바로 분산이다. 이 점이 상당히 중요하다. 그리고 통계학의 기본적인 목표는 사실 데이터의 분포를 측정하는 분산과 관련되어 있다.

그런데 분산을 이해하는 데 있어 처음으로 이상하게 생각되는 점은 분산이라는, 데이터의 분포를 측정해 주는 지표•를 구할 때 "제곱"을 해 준다는 것이다. 왜 제곱을 해 주는지를 이해하는 것이 분산을 이해하고, 통계학을 이해하는 데 상당히 중요하다는 것이 지금까지 학생들을 가르쳐 본 경험에 기초한 개인적인 견해이다. 분산은 평균편차를 제곱한 값의 평균으로 정의할 수 있다. 평균편차라는 말은 이 책에서는 데이터 값•과 평균의 차이를 말한다. −1과 1이라는 데이터에서 평균은 0이기 때문에 평균편차는 첫 번째 데이터 값인 −1과 0의 차이인 −1과, 두 번째 데이터 값인 1과 0의 차이인 1이 된다. 평균편차에는 하나의 특징이 있는데, 평균편차

지표: 통계학의 과정은 일반적으로 많은 데이터에서 하나의 지표를 구하는 것으로 이해할 수도 있다. 평균도 데이터에서 나온 하나의 지표이고, 분산도 데이터에서 나온 다른 지표이다.

데이터 값: 특정 자료값, 관측값, 변량, 측정값과 같은 표현이 사용되기도 한다. 이 책에서는 데이터의 수치라는 의미로 데이터 값이라는 용어를 사용한다.

를 다 더하면 0이 나온다는 것이다. 이 특징은 앞으로도 많이 사용되고 매우 중요하니 꼭 기억해 두도록 하자.

평균편차는 데이터가 분포되어 있는 정도와 관련이 있다. −1과 1이라는 데이터에서 평균편차는 −1과 1이고, −100과 100이라는 데이터에서 평균편차는 −100과 100이다. 평균이 0이기 때문에 데이터 값과 평균편차가 같아지는 특별한 성질이 나타난다. −1과 1보다는 −100과 100이 평균에서 벗어난 정도가 더 크기 때문에, 데이터의 분포 정도, 또는 데이터가 퍼져 있는 정도는 −1과 1보다 −100과 100이 더 크다. 따라서 데이터의 분포 정도, 또는 데이터가 퍼져 있는 정도를 측정하는 분산도 −1과 1이라는 데이터보다, −100과 100이라는 데이터에서 더 크게 된다. 여기서 꼭 기억해 두어야 할 것은 평균편차가 데이터가 분포되어 있는 정도와 관련이 있다는 것이다. 평균편차는 데이터 값과 평균 사이의 거리로 이해할 수도 있다. −1과 1이라는 데이터는 평균에서 1이라는 거리만큼 각각 떨어져 있는 것이고, −100과 100이라는 데이터는 평균에서 100이라는 거리만큼 각각 떨어져 있는 것이다. 평균에서 떨어진 거리가 멀어질수록, 데이터의 분포도 넓게 분포하게 된다.

하지만 문제는 데이터가 퍼져 있는 정도인 분산을 측정할 때, 평균편차를 그대로 사용하는 것이 아니라 제곱해 준다는 것에 있다. 평균편차가 −1과 1일 때에는 −1과 1을 각각 제곱해 주어서 "−1의 제곱인 1"과 "1의 제곱인 1"을 사용한다. 그런데 평균편차가 −100과 100일 때에는 "−100의 제곱인 10000"과 "100의 제곱인 10000"이 사용된다. 여기서부터 학생들은 통계학을 이해하는 것을 접어두고 외우기 시작하는 경향성을 보이는 경우가 많다. 왜 제곱을 하는지에 대해 이상하다고 생각하는데, 납득이 잘 되지 않기 때문이다. 그러면 시험을 치기 위해서는 외우는 방법밖에 없다. 하지만 그렇게 하면 통계의 가장 중요한 개념인 분산을 이해하지 못하게 된다. 그리고 통계학과 멀어지게 된다.

학생들에게 평균편차를 제곱하는 이유는 평균편차의 합이 항상 0이 되는 점 때문이라고 알려주면, 학생들의 분산에 대한 이해는 좀 더 깊어진다. 평균편차를 그냥 더해 주면 −1과 1의 합은 0이 되고, −100과 100의 합도 0이 된다. 앞에서 이야기하였던 것처럼 평균편차의 합은 항상 0이 되는 특징이 있기 때문이다. 하지만 −1을 제곱해 주면 −1이 1로 변한다. 1을 제곱해 주면 여전히 1이다. 그리고 −1을 제곱한 값과 1을 제곱한 값을 더해 주면 0이 아니라 2가 된다. −100과 100에서도 같다. −100을 제곱하면 10000이 되고, 100을 제곱하면 10000이 된다. 그리고 −100을 제곱한 값과 100을 제곱한 값을 더해 주면 0이 아니라 20000이 된다. 기억해야 되는 부분만 정리하면 평균편차의 합이 0이 되는 것을 막기 위해서 평균편차를 제곱해 준다는 것이다. 이 부분은 나중에도 많이 사용되니 꼭 기억해 두도록 하자.

평균편차를 제곱한 값을 더해 준 다음에 데이터의 개수로 나누어 주면 그 값이 분산이 된다. −1의 제곱과 1의 제곱을 더해 주면 2가 되는데, 데이터의 개수가 2개이니, 제곱한 값을 더해 준 결과인 2를 데이터의 개수인 2로 나누어 주면 1이 나온다. 그리고 그 값이 −1과 1이라는 데이터의 분산이 된다. −100의 제곱과 100의 제곱을 더해 주면 20000이 되는데, 데이터의 개수가 2개이니, 20000을 데이터의 개수인 2로 나누어 주면 10000이 나오고, 그 값이 −100과 100이라는 데이터의 분산이 된다. −100과 100이라는 데이터의 분산이 10000이라는 큰 숫자가 되어버리니 좀 이상한 느낌이 들 수도 있지만, 이는 제곱을 하였기 때문에 나오게 되는 결과이다.

10000이라는 더 커진 수치는 일반적으로 생각하는 상식과는 좀 다르게 느껴질 수도 있지만, 데이터가 퍼져 있는 정도를 측정한다는 통계학적 목적은 기본적으로 달성하게 된다. −1과 1이라는 데이터의 분산은 1로 측정되고, −100과 100이라는 데이터의 분산은 10000으로 측정된다. −1과 1이라는 데이터보다 −100과 100이라는 데이터의 분산이 더 크다고 측정되는 것이다. 우선은 이것만으로 충분하다. 평균에서 더 멀리 떨어져 있는 데이터의 분산이 체계적으로 더 크게 측정되는 것이다. 일반적인 상식과 다른 이상함•은 표준편차를 배우면 사라지지만, 학생들에게 강의해 본 경험에 따르면 분산을 먼저 이해시키는 것이 중요하다. 그래서 표준편차는 나중에 나오는 가설검정• 부분에서 설명한다.

통계학에서 분산을 이해하지 않고, 외우고 넘어가게 하는 요인은 제곱 말고 하나가 더 있다. 개인적으로는 수업시간에 분산을 "평균편차를 제곱한

이상함: 통계학에서 상식과 다르게 이해되는 부분이 있을 때, 많은 강사들은 상식은 좀 접어 두고, 통계적 개념을 따르라는 조언을 한다. 이 책에서는 상식과 다른 부분을 최대한 상식과 일치시키기 위해 말로 설명하는 것을 목표로 하고 있다.

가설검정: 가설검정은 통계학이 가지고 있는 가장 강력한 장점 중 하나이다. 통계적 기법을 통해 통계적인 측면에서 참과 거짓을 판단할 수 있게 해 주기 때문이다. 통계적 참과 거짓은 상식과는 다른 경우도 있지만, 통계적 가설검정 외에는 다른 대안이 없기 때문에 통계학의 강력한 장점이 된다.

것의 평균"으로 정의한다. 그런데 분산을 구하기 위해 평균편차를 제곱한 값을 다 더하고 난 뒤에 평균을 구할 때 문제가 생긴다. 어떤 경우에는 "데이터의 개수"로 나누어 주고, 어떤 경우에는 "데이터의 개수 빼기 1"로 나누어 준다. 분산이라는 평균편차를 제곱한 것의 평균으로 정의되는 지표를 계산할 때, 데이터의 개수로 나누어 주는 것이 더 직관적이다. 그런데 불행히도 교과서와 인터넷 강의 또는 설명에서는 데이터의 개수 빼기 1로 나누어 주는 경우가 더 많이 보인다. 데이터의 개수 빼기 1로 나누는 것은 이상하다. 그래서 분산이 평균편차를 제곱한 것의 평균이라고 이해하기보다는 이해가 불가능한 지표로 생각하고 외우게 되는 것이다.

학생들에게 분산이 평균편차의 제곱의 평균이라는 점을 인식시키기 위해서는 전체 분산과 표본 분산의 차이를 반복적으로 알려 주어야 한다. 이 책에서는 일반적으로 쓰이는 모분산이라는 말 대신 전체 분산이라는 용어를 사용한다.• 의미가 직접적으로 다가오지 않는 모분산이라는 용어보다는 전체 분산이라는 개인적으로 만든 용어가 데이터의 개수 빼기 1로 나누어 주는 이유를 설명하는 데 더 편리

전체 분산 또는 모분산: population variance를 번역한 말이다. 여기서 population은 인구 전체를 의미한다고 보면 직관적이다.

하기 때문이다. 표본 분산은 샘플이라고도 하는 표본의 분산을 말한다. 결론부터 말하면 전체 데이터의 분산인 "전체 분산을 계산할 때는 데이터의 개수"로 나누어 주는데, "표본 분산을 구할 때는 데이터의 개수 빼기 1"로 나누어 준다.

전체 분산과 표본 분산의 차이에 대해서 나는 수업시간에 이렇게 설명한다. 15억 명 정도 되는 중국 사람들의 평균 키를 구하는 방법에 대하여 생각해 보자고 한다. 가장 간단한 방법은 15억 명 정도 되는 중국 사람들의 키를 하나하나 다 측정하고 평균을 내는 것이다. 이 방법을 통해서는 가장 정확하게 15억 명 정도 되는 중국 사람들의 키의 평균을 구할 수 있다. 하지만 15억 명 정도 되는 사람들의 키를 하나하나 다 측정하는 것은 매우 번거롭다. 하지만 15억 명 정도 되는 중국 사람들의 키를 하나하나 다 측정하지 않아도 15억 명의 중국 사람들의 평균 키를 꽤 정확하게 측정할 수 있는 방법이 있다. 바로 통계학을 사용하면 된다.

통계학을 사용하면 중국 사람들 전체의 키를 다 측정하지 않아도 된다. 1000명 정도의 중국 사람을 무작위•로 선택해서 키를 측정하면, 1000명 정도의

무작위: 통계학에서 절대적이라고도 할 수 있을 정도로 중요한 부분이다. 무작위로 선택되지 않은 표본은 통계적 이론을 적용하기 어렵기 때문이다. 다만 데이터 생성에서 무작위의 개념은 수치적으로는 무작위는 아니지만 무작위라고 생각할 수 있는 기준을 통과한 데이터 생성 체계를 의미하게 된다. 실제로 많이 쓰이는 Matlab과 같은 프로그램에서 무작위로 수치를 생성시키면 처음에는 모두에게 같은 값이 나오기도 한다. 같은 무작위 수치 생성 프로그램을 사용하기 때문이다. 하지만 무작위 수치 생성 프로그램이 기준을 통과하였기 때문에 무작위라고 인정받는다.

중국 사람의 키의 평균은 15억 명 정도 되는 전체 중국 사람들의 키와 큰 차이가 없다. 그리고 무작위로 선택된 1000명 정도의 중국 사람을 표본 또는 샘플이라고 부른다. 통계학은 표본을 무작위로 뽑으면, 표본 평균, 표본 분산이 전체 평균, 전체 분산과 큰 차이가 없다는 것을 보증해 준다. 사실 이 점이 통계를 사용하는 가장 큰 이유이기도 하다. 15억 명 정도 되는 전체 중국 사람들의 키를 재지 않고, 1000명 정도의 무작위로 선택된 사람들의 키를 재는 것으로 충분하기 때문이다. 15억 명의 데이터를 측정하고 분석하는 것보다, 1000명의 데이터를 측정하고 분석하는 것이 훨씬 비용이 적게 드는 것은 당연하다. 비용은 적게 들고, 결괏값은 비슷하니 통계학을 사용하지 않을 이유가 없다.

하지만 큰 차이가 없다는 것과 같다는 것은 차이점이 있다. 그래서 전체 분산과 표본 분산이 달라지는 결과가 나타난다. 그래서 전체 분산의 경우 평균편차의 제곱을 데이터의 개수로 나누어 주지만, 표본 분산의 경우 평균편차의 제곱을 데이터의 개수 빼기 1로 나누어 주어야 한다. 이러한 차이를 정확하게 설명하기 위해서는 매우 많은 통계적 개념들을 설명해야 한다. 하지만 아주 정확하지는 않더라도 직관적으로 설명하면 학생들은 그 차이가 발생하는 이유를 어느 정도는 납득하게 된다. 아주 정확하지는 않더라도 어느 정도 납득이 되는 직관적인 설명만을 해 주는 이유는, 어느 정도 납득이 되면 학생들이 분산의 개념을 외우기보다는 이해하려고 하기 때문이다. 그리고 그 차이는 통계를 배우는 데 있어서 큰 차이를 가져오게 된다.

가장 직관적이고 설명을 적게 필요로 하는 방식은, 앞에서 그렇게나 강조하였던 "평균편차를 다 더하면 0이 된다는 점"을 활용하는 것이다. 데이터의 개수가 2개인 −1과 1이라는 데이터의 평균편차는 −1과 1이고 다 더하면 0이 된다. 데이터의 개수가 3개인 −1, 0, 1이라는 데이터에 대해 생각해 보면, 데이터의 평균은 0이고 평균편차는 −1, 0, 1이다. 그리고 3개의 평균편차인 −1, 0, 1을 더하면 0이 된다. 데이터의 개수가 5개인 −2, −1, 0, 1, 2의 평균도 0이고, 평균편차는 −2, −1, 0, 1, 2이다. 5개의 평균편차를 다 더하면 0이 된다. 데이터의 개수가 100개가 되어도 동일하다. 100개의 평균편차를 다 더하면 0이 된다.

어느 정도 납득 가능한 설명은, 전체 데이터가 아닌 표본 데이터에서는 "평균편차를 다 더하면 0이 되는 것이 하나의 제한조건•으로 작용한다"는 것이다. 정확하지는 않지만, 거꾸로 생각하면 평균편차를 다 더하면 무조건 0이 되어야 하는 것이다. 전체 데이터에서는 이 제한조건이 별로 문제가 되지 않는다. 그런데 전체 데이터의 평균을 추측하기 위한 표본 데이터에서는 이 제한조건이 아주 중요해진다. 왜냐하면 표본 데이터를 추출하는 진짜 목적은 표본 데이터의 평균과 분산을 측정하기 위해서가 아니라, 표본 데이터의 평균과 분산을 통해 전체 데이터의 평균과 분산을 추정하기 위해서이기 때문이다.

제한조건: 수학적으로는 제한조건이 하나씩 생길 때마다 그 조건을 만족해야 하기 때문에 계산해야 하는 범위가 줄어들게 된다. 모든 범위에서 계산을 하면 너무 광범위한데, 제한조건을 만족하는 범위에서만 계산을 하면 되기 때문이다.

직관만을 사용해 비교적 납득이 가능하도록 설명하면, 5개의 표본 데이터가 있을 때, 처음 4개의 데이터가 결정되면, 마지막 다섯 번째 데이터는 자유롭게 결정되지 않고 강제적으로 결정된다. 다시 말해, 평균편차를 다 더하면 0이 되어야 한다는 제한조건을 표본 데이터는 꼭 만족시켜야 한다. 따라서 처음 4개의 데이터가 결정되면, 다섯 번째 데이터는 앞의 4개의 평균편차를 더한 값을 고려해서,

평균편차의 합이 0이 되도록 하는 값으로 강제적으로 결정된다.

이를 데이터의 자유도•라고 한다. 예를 들어, 앞의 4개 데이터의 평균편차가 −2, −1, 0, 1이었으면, 마지막 다섯 번째 데이터 값은 자유롭게 결정되지 못하고, 평균편차가 2인 데이터가 강제적으로 선택되는 것이다. 다섯 번째 데이터 값이 평균편차가 2인 데이터가 되어야 평균편차의 합이 0이 되기 때문이다. 그래서 표본 데이터의 자유도는 데이터의 개수인 5가 되는 것이 아니라, 데이터의 개수인 5에서 강제적으로 결정되는 마지막 데이터의 개수인 1을 뺀 4가 되는 것이다. 이 부분을 통계학에서는 자유도의 상실이라고 부른다.

좀 이상하다고 느낄 수도 있고, 사실 정확한 설명은 아니지만, 데이터의 자유도를 설명하는 데는 이 방법이 가장 직관적이고 빠르다. 정확한 설명은 더 많은 통계적 지식을 요구하는데, 표본 분산을 이해하는 것을 목적으로 하는 것에 한정한다면 자유도에 대한 이 정도의 직관을 제공하면 학생들은 어느 정도 납득을 한다. 표본 분산에서는 평균편차의 합이 0이 되어야 한다는 조건 때문에, 데이터의 자

자유도: 데이터의 자유도는 가설검정에서도 매우 중요하다. 자유도에 따라 적용하는 통계적 분포가 달라지기 때문이다. 전통적인 통계학에서는 자유도가 매우 중요한 위치를 차지하고 있었는데, 빅데이터 분석에서는 데이터의 개수가 워낙 크기 때문에 자유도가 상대적으로 중요하지 않게 되었다. 예를 들어, 1억 개 정도의 데이터가 있으면 자유도가 좀 줄어든다 하더라도 여전히 데이터 크기가 충분히 크기 때문이다.

유도를 하나 잃어버리게 되고, 그래서 데이터의 개수로 나누어 주는 것이 아니라 데이터의 개수 빼기 1로 나누어 주어야 한다는 흐름인 것이다. 학생들은 이 정도의 흐름은 따라올 수 있었고, 분산의 개념을 외우지 않고 이해하였다.

다음 설명을 위해 기억해야 할 부분만 요약하면, 분산은 데이터가 퍼져 있는 정도를 측정하는 지표인데, 평균편차의 제곱을 평균한 값으로 측정한다. 그런데 표본 분산에서는 자유도를 1개 잃어버리기 때문에 평균을 구할 때 데이터의 개수 빼기 1로 나누어 주어야 한다. 자유도라는 개념이 너무 복잡하다면, 그냥 분산이 데이터가 퍼져 있는 정도를 측정하는 통계학의 중요 개념이라는 것만 기억해도 된다. 그럼 다음 단계로 넘어갈 수 있다.

미분과 연쇄법칙

미분은 데이터 분석, 특히 선형 분석에서 매우 중요한 역할을 한다. 선형 분석을 강의할 때 많은 학생들이 중학교 때 이후로 수학을 공부한 적이 없다는 말을 많이 하였다. 하지만 미분이 결국은 그

그래프의 기울기: 기울기가 중요한 이유는 변화율을 쉽게 예측할 수 있기 때문이다. 직선의 기울기는 직선의 변화율인데, 예측이 중요한 부분에서는 변화율이 중요한 개념이 되어, 미분을 사용할 수밖에 없게 된다.

편미분: 편미분에서는 일반적으로 배웠던 미분 기호가 아닌 둥글둥글한, 또는 구부러진 미분 기호를 사용한다(∂). 둥글둥글한 미분 기호이기 때문에 둥글다는 뜻으로 라운드(round)라고 읽어 준다.

래프의 기울기•를 구하는 것이라고 설명하고, 천천히 도출 과정과 의미를 설명하면 몇몇 학생들은 미분을 전혀 몰랐더라도 강의가 시작되자 잘 따라왔다. 선형 분석에 필요한 미분은 비교적 간단한 것이어서, 미분이 기울기라는 것과, x^2을 미분하면 $2x$가 나온다는 것을 이해하고, 편미분•과 연쇄법칙을 이해하면 선형 분석을 이해하는 데에는 큰 문제가 없었다. 중학교 때부터 수학을 포기하였다고 하는 학생들도 그중 몇몇은 강의 내용을 이해하고 잘 따라왔다. 중요하였던 것은 중학교 때부터 수학을 포기한 것이 아니라, 쉽게 이해할 수 있도록 설명하면, 이해해 보려고 하는 마음가짐이었다.

미분을 전혀 모르는 사람에게 미분을 설명하는 가장 직관적인 방법은 미분이 기울기라는 것이다. 그렇다면 기울기가 무엇인지를 설명해야 한다. $y=2x$라는 식이 있다고 하자. 이 식에서 기울기는 2다. $y=3x$라는 식이 있다고 하면 기울기는 3이고, $y=4x$라는 식이 있다고 하면 기울기는 4이다. 이쯤 되면 규칙성을 발견할 수 있다. x 앞에 있는 숫자가 기울기이다. 미분 또는 기울기는 x가 변할 때 y가 얼마나 빨리 변하는지를 나타낸다. $y=2x$라면 x가 1

만큼 변하면 y는 2만큼 변한다는 것이고, $y=3x$라면 x가 1만큼 변하면 y는 3만큼 변한다는 것이다. 다시 말해, $y=3x$일 때가 $y=2x$일 때보다 빨리 변하게 된다. 지루할 수도 있겠지만 이해를 위해 한 번 더 반복하면 $y=4x$라면 x가 1만큼 변하면 y는 4만큼 변한다. 그리고 $y=4x$일 때, $y=3x$보다 빨리 변한다.

선형 분석의 기본적인 목표는 데이터를 분석하여 데이터의 기울기를 구하는 것이다. 데이터를 $y=2x$와 같은 직선 형태로 변환하고, 2라는 기울기를 구하여 x가 1만큼 변하면 y는 2만큼 변한다는 분석을 하는 것이다. 선형 분석을 통해 데이터의 기울기가 2인지, 3인지, 4인지 판단하는 것이 선형 분석의 목적이다. 자세한 내용에 대해서는 나중에 좀 더 정확하게 설명하겠지만, 여기서는 미분이 기울기라는 것과 선형 분석의 목적이 데이터의 기울기를 구하는 것이라는 점만 우선 기억하면 된다.

문제는 $y=2x$와 같은 단순한 형태의 경우에 기울기를 구하고, 기울기의 의미를 이해하는 데 큰 어려움이 없지만, $y=x^2$과 같은 더 복잡한 형태의 경우에는 중학교 이후로 수학을 포기한 학생들에게 설명하는 데 어려움이 있다는 점이다. 그래도 한 번 이해해 보겠다는 마음가짐으로 읽어 보자.

$y=2x$와 같은 단순한 형태는 직선을 나타낸다. x가 1만큼 변할 때, y는 2만큼만 변하기 때문에 단순한 직선이 된다. 그런데 $y=x^2$과 같은 더 복잡한 형태의 경우 직선이 아닌 곡선의 모양을 가지게 된다. 하지만 곡선의 경우에도, 미분이 기울기를 구하는 것이라는 점은 변하지 않는다. 곡선의 경우에 미분이 구해 주는 것은 곡선의 기울기•가 된다. 그리고 선형 분석에서 필요한 곡선의 미분의 경우에는 x^2을 미분하면 $2x$가 나온다는 점을 우선 기억하면 큰 문제가 없다. x^2을 미분하면 $2x$가 나오는 이유는 인터넷을 검색하거나 챗GPT에게 물어보아도 된다. 기초적 미분에 대해서는 좋은 설명 자료가 많은 편이다. 미분을 별로 좋아하지 않는 사람이라도, 다양한 자료와 설명을 이 책에서 알려 주는 직관적인 설명을 참조해서 공부하면, 어느 정도 이해할 수 있을 것이다.

곡선의 기울기: 미분은 곡선의 기울기를 구할 수 있게 해 주는 것이 가장 핵심적인 기능이다. 곡선의 변화율은 직선의 변화율과는 다르게 기준점을 어떻게 정하는지에 따라 달라지는데, 미분은 곡선의 기울기를 수학적으로 일관되게 측정해 준다.

미분이 기울기이고, 곡선인 x^2을 미분하면 $2x$가 나온다는 점을 기억하였다면, 이제 연쇄법칙을 이해하면 된다. 연쇄법칙은 사실 가장 많은 반복학습이 필요한 부분이다. 이 책에서는 많은 부분을 수식을 최대한 사용하지 않고 말로 설명해 보려고 한다.

하지만 연쇄법칙의 경우에는 반복해서 숙달하는 것 말고는 별 방법이 없다. 또한 선형 분석부터 로짓 분석까지, 그리고 머신러닝에 필요한 미분과 편미분에서 계속 사용되기 때문에 이해하고, 반복해서 숙달하고 넘어가야 한다. 문제는 그 숙달이 쉽지 않다는 것인데, 반복하는 것 말고는 방법이 없다. 연쇄법칙을 강의하면서 확인한 것은 반복해서 숙달시키면 많은 학생이 따라온다는 것이다.

연쇄법칙에 익숙해지기 위해, 곡선인 x^2을 미분하면 $2x$가 나온다는 것을 우선 기억하자. 다음 단계는 $(3x+2)^2$을 미분하는 것이다. 그리고 $(3x+2)^2$을 미분하는 것에는 연쇄법칙을 사용해야 한다. 많은 학생들이 $(3x+2)^2$을 미분할 때, 연쇄법칙을 이해하고 적용하기보다는, 그냥 식을 전개해서 미분하려는 경향성을 보여 준다. 하지만 그렇게 연쇄법칙을 이해하는 것을 피하면, 통계와 미분을 제대로 배울 수 없다. 그래서 개인적으로는 학생들에게 이 부분을 꼭 연쇄법칙을 이해해서 미분하라고 강조한다.

연쇄법칙을 반복해서 숙달하는 가장 기초적인 방법은 규칙성을 우선 외우는 것이다. 만약 $(3x+2)^2$을 미분하면 $2(3x+2)$가 되었다면, 중학교 때 수학을 포기한 학생들도 규칙성에 의해 미분의 패턴을 쉽게 찾을 수 있고, 선형 분석 강의를 보다 쉽게 따라올 수 있었을 것도 같다. x^2을 미분하면 $2x$가 나오니, $(3x+2)^2$을 미분하면 $2(3x+2)$가 나온다는 법칙이었으면, 학생들은 미분을 보다 쉽게 접근하였을 것이다. 하지만 안타깝게도, $(3x+2)^2$을 미분하면 $2(3x+2)$가 되는 것이 아니라 "$2(3x+2)$ 곱하기 3"이 된다. 곱하기 3이 추가로 붙는다는 부분을 이해하는 것이 연쇄법칙을 이해하는 것이다.

x^2을 미분하면 $2x$가 나온다는 것을 기억하였다면, 연쇄법칙의 앞부분인 $(3x+2)^2$을 미분하면 $2(3x+2)$가 나오는 부분은 어느 정도 규칙성에 의해 추론할 수 있다. x^2을 미분하면 $2x$가 되니, x의 위치에 x 대신 $(3x+2)$를 넣는 것이다. 법칙성에 익숙해지기 위해 반복하면 $(4x+2)^2$을 미분하면 $2(4x+2)$가 되고, $(5x+2)^2$을 미분하면 $2(5x+2)$가 되고, $(6x+2)^2$을 미분하면 $2(6x+2)$가 된다면 비교적 간단한 법칙성에 어느 정도 익숙해질 수 있다. 하지만 문제는 $(3x+2)^2$을 미분하면 $2(3x+2)$가 되는 것이 아니라 "$2(3x+2)$ 곱하기 3"이 된다는 부분이다. "$2(3x+2)$ 곱하기 3"에서 "$2(3x+2)$" 부분이 아니라 그 뒤의

"곱하기 3" 부분이 학생들의 반복학습을 많이 필요로 하게 한다.

"곱하기 3"이 추가적으로 붙는 이유는 연쇄법칙 때문이다. 연쇄법칙 또한 인터넷을 검색하거나 챗GPT에게 물어보면 비교적 설명이 잘 나와 있다. 하지만 이 책에서 제시하는 법칙성에 의해 연쇄법칙을 기억한다면 $(3x+2)^2$을 미분하면 "2(3x+2) 곱하기 3"이 되고, $(4x+2)^2$을 미분하면 "2(4x+2) 곱하기 4"가 되고, $(5x+2)^2$을 미분하면 "2(5x+2) 곱하기 5"가 된다. 연쇄법칙을 사용하여 미분을 할 경우 추가적으로 곱해지는 숫자는 $(3x+2)^2$의 경우에는 3x의 기울기인 3이다. 반복해서 해보면 $(4x+2)^2$의 경우에는 4x의 기울기인 4가 추가적으로 곱해지고, $(5x+2)^2$의 경우에는 5x의 기울기인 5가 추가적으로 곱해진다. 연쇄법칙의 법칙성은 조금 더 복잡하지만, 이 법칙성을 기억한다면 선형 분석을 위한 미분을 하는 것에는 큰 문제가 없게 된다. 법칙성을 기억하기 어렵다면, 연쇄법칙 부분을 반복해서 다시 읽어 보자. 사실 그것 말고는 방법이 없다는 점이 개인적으로도 안타깝기는 하다.

데이터 생성 과정과 선형 분석

데이터 생성 과정: 데이터를 만드는 방법이다. 데이터를 주어진 것으로 생각하지 않고, 데이터를 생성한다 또는 시뮬레이션한다라고 생각하면, 데이터를 만드는 방법을 정하고 그 방법에 따라 데이터를 만들어 나가면 데이터가 만들어져 나오게 되는, 다시 말해 생성되는 것이다.

반복을 통해 연쇄법칙의 법칙성까지 기억하였다면 선형 분석을 이해하기 위해 데이터 생성 과정• 이라는 개념을 알아야 한다. 선형 분석에서는 데이터가 직선 형태의 생성 과정에서 나왔다고 생각한다. 그림 1을 참조하면 좀 더 이해하기 쉬울 수 있다. 그림에 있는 직선이 데이터 생성 과정이다. 하지만 데이터를 그래프에 표시하면, 데이터는 표시되지만, 추세선인 직선은 자동으로 표시되지 않는다. 직선을 모르기 때문이다. 그래서 선형 분석에서는 표시된 데이터에서 직선 모양의 데이터 생성 과정을 찾아내는 것을 목적으로 한다. 그리고 데이터 생성 과정이 직선이라고 생각하기 때문에 이 방법을 선형 분석이라고 부른다.

사실 데이터가 정확한 직선 모양을 가지고 있다면 큰 문제가 없을 것이다. 하지만 그림 1에 나와 있는 데이터는 정확한 직선 형태와는 조금 다른 모양을 가지고 있다. 그래서 직선 형태와는 다른 모양을 가지고 있는 데이터에서 직선 형태의 데이터 생성 과정을 찾아내는 것이 선형 분석의 목적이다. 데이

|그림 1| **데이터 포인트 및 추세선**

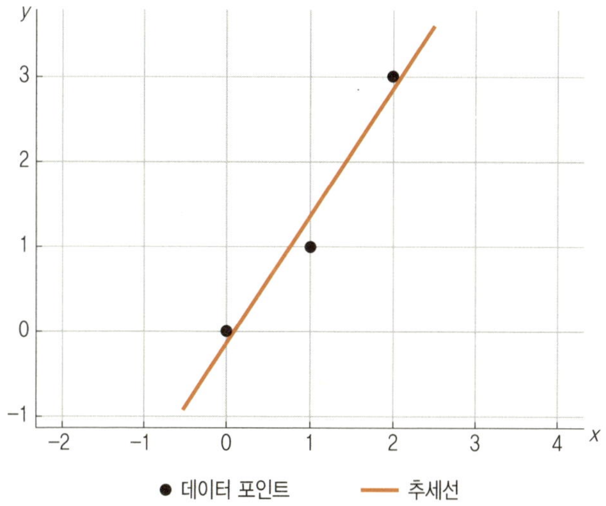

터에 가장 적합한 데이터 생성 과정을 찾아내기 위해서, 선형 분석에서는 데이터는 원칙적으로는 데이터 생성 과정에 의해 정확한 직선 형태로 만들어져야 한다고 생각한다. 하지만 데이터를 생성할 때 에러•가 발생한다고 생각한다. 그리고 발생하는 에러 때문에 데이터가 정확한 직선 모양으로 나타나지 않는다고 생각한다.

그런 생각에 기초해 선형 분석에서는 "데이터가 만들어질 때 발생하는 오류를 최소화시키는 것"을

에러: 오류, 오차, 잔차라는 표현이 같은 개념 또는 유사한 개념으로 사용되기도 한다. 영어로는 error와 residual로 구분되는데, error는 데이터 생성 과정에서 발생하는 것이고, residual은 추세선을 구한 후에 에러를 추정하게 되는데, 이때 추정된 에러를 말한다.

최소제곱법: 최소자승법이라는 용어가 사용되기도 한다. 다만 최소자승법이라는 용어에서는 한자를 잘 모르거나, 한자를 알고 있다고 하더라도 통계적인 방식을 추론하는 데 어려움이 있기 때문에, 이 책에서는 최소제곱법이라는 용어를 사용한다.

에러를 제곱한 것을 다 더한 값을 최소화: 정확히는 error가 아닌 residual을 최소화하는 개념에 가까운데, 이 책에서는 직관적인 이해를 목적으로 하기에 용어를 정확하게 구분하지 않았다. 실제로 error는 관찰할 수 없고, 관찰된 error인 residual만 관찰할 수 있기 때문에 실질적으로 구분하기 어려운 것도 사실이다.

목적으로 한다. 그리고 이 방법론을 최소제곱법•이라고 부른다. 이 방법론에 제곱이 들어가는 이유는 앞에서 꼭 기억해 두라고 하였던 분산을 측정할 때 제곱을 하는 이유와 같다. 최소제곱법의 가장 중요한 원리는 "에러를 제곱한 것을 다 더한 값을 최소화한다•"는 것이다. 에러는 평균편차와 비슷한 특징을 가지고 있어서, 에러를 다 더하면 0이 되는 특징이 발생한다. 그런데 평균이 똑같이 0이라고 해도, 넓게 퍼져 있는 에러는 분산이라는 데이터가 퍼져 있는 정도가 크게 측정되고, 좁게 몰려 있는 에러는 분산이 작게 측정된다.

에러를 좀 더 정확하게 표현하면, 데이터가 만들어지는 직선 모양의 데이터 생성 과정에서 나온 값과 실제 데이터 값의 차이로 표현된다. 그리고 에러가 작을수록 데이터는 직선 모양에 가깝게 된다. 그래서 최소제곱법은 에러를 제곱해서 다 더하고, 더한 값을 최소화하는 방식으로 선형 분석을 진행한다. 에러를 제곱한 값이 작아질수록, 데이터를 더 잘 직선화할 수 있기 때문이다.

그림 2에서 보면 같은 데이터이지만 실선에서 측정되는 에러가 점선에서 측정되는 에러보다 더

|그림 2| **데이터 포인트 및 2개의 추세선**

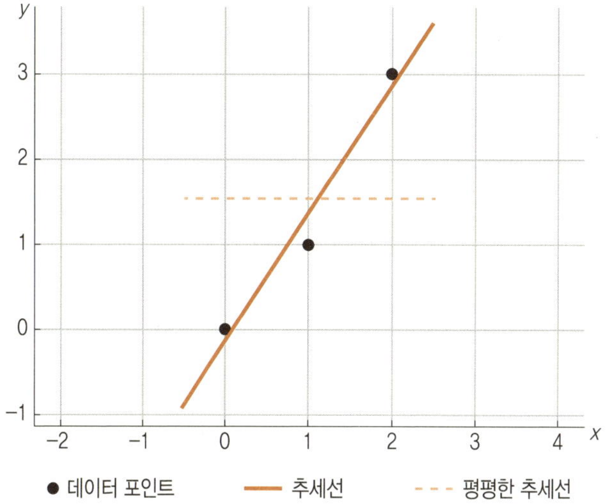

작다는 것을 알 수 있다. 다시 한 번 반복하면, 최소제곱법에서는 데이터와 직선의 차이를 에러로 생각한다. 그리고 데이터와 직선의 차이를 구하고 제곱해서 다 더해 준다. 실선에서 측정한 에러를 제곱해서 다 더한 값은, 점선에서 측정한 에러를 제곱해서 다 더한 값보다 작다. 그 점에 근거해서 최소제곱법에서는 실선이 점선보다 데이터 생성 과정으로 더 적합하다고 생각한다. 최소제곱법의 원칙은 에러를 제곱해서 다 더한 값을 최소로 만드는 직선이

데이터를 분석하는 가장 좋은 직선이라는 것이다.

수학적으로는, 에러의 제곱의 합을 편미분과 연쇄법칙을 사용하여 최소화시켜 준다. 편미분은 미분 방법의 하나로 변수•가 2개 있을 때 사용한다. 방법은 앞에서 설명한 미분과 동일한데, 1번 변수를 미분할 때는 2번 변수에는 변화가 없다고 생각하고, 2번 변수를 미분할 때는 1번 변수에는 변화가 없다고 생각하여 미분하는 방식이다. 변수에 변화가 없으면 3과 같은 상수•와 다르지 않기 때문에 숫자라고 생각하고 미분하면 된다. 그리고 3과 같은 상수를 미분하면 기울기인 미분값은 0이 된다. 편미분을 하고 실제 데이터 값을 대입하여 연립방정식을 풀어 직선의 기울기와 절편값을 구하는 것이 선형 분석의 과정이다. 최소제곱법 또는 선형 분석 또는 회귀 분석•이라고 불리는 이 방법론은 데이터 분석의 가장 기초적인 방법이고 또 시작점이어서 인터넷에서 관련 내용을 쉽게 검색할 수 있고, 많은 교과서와 수업에서도 기본적으로 다루고 있다. 챗GPT에게 물어보아도 잘 설명해 준다. 자세한 수학적 원리는 이 책에서 제공하는 참고문헌에 나온 책들에서도 제시하고 있다.

변수: 변화하는 값을 말한다. x와 y로 되어 있는 흔히 알고 있는 그래프에서 x가 변수이다. 그래프는 변수인 x값이 변화할 때 y값이 어떻게 변하는지를 보여 주는 그림이다.

상수: 변하지 않고 항상 그대로인 값을 말한다. $y=2x+3$과 같은 그래프에서 x는 변하는 값으로 생각하기 때문에 변수이고, 3은 고정된 값이기 때문에 상수이다.

회귀 분석: 선형 분석은 부모와 자식 간의 키의 관계를 분석하는 것으로 널리 알려졌는데, 부모의 키가 크면 자식의 키도 크다는 추세선이 관찰되었다. 그런데 부모의 키가 아주 큰 경우에 자식의 키도 크지만 평균으로 돌아가는(회귀하는) 현상도 관찰되었다. 따라서 키가 평균으로 회귀한다(regress)는 의미로 회귀 분석이라는 용어가 널리 사용되었고, 지금도 사용되고 있다.

이 부분부터는 선형 분석의 구체적인 과정을 수식을 적게 쓰고, 최대한 말로 설명하는 것을 목적으로 한다. 하지만 읽어 보았는데 오히려 이해하기 어렵다면 다음 장으로 넘어가거나 다른 자료에 나와 있는 수학적 설명을 참조해도 된다.

선형 분석에서 에러를 뜻하는 ε• 은, 실제 데이터 값 y와 선형 분석에서 원래 나와야 되는 값이라고 생각하는 직선 위의 값인 $\alpha+\beta x$의 차이로 표현된다. 그래서 에러 ε의 값은 $y-(\alpha+\beta x)$가 된다. 선형 분석에서는 각각의 데이터별로 에러 값인 $y-(\alpha+\beta x)$를 구하고, 제곱해 준 뒤에, 제곱한 값을 다 더한다. 그리고 "에러 값을 제곱해서 다 더한 것"을 최소화하는 것이 선형 분석의 목적이 된다. 에러 값을 제곱해서 다 더한 것을 목적 함수•라고 부르고 목적 함수를 최소화하기 위해 선형 분석은 편미분을 사용한다. 수학적으로는 에러 값을 제곱해서 다 더한 것을 α•와 β•로 편미분해 주고, α와 β로 편미분해 준 값이 각각 0이 되도록 한다. 그러면 2개의 편미분한 식과 α와 β라는 2개의 미지수•가 있게 된다. 2개의 식과 2개의 미지수를 연립방정식으로 풀어 주면 α와 β라는 미지수의 값을 구할 수 있게 되고, 이런

ε: 그리스 문자로 엡실론(epsilon)이라고 읽는다.

목적 함수: 머신러닝과 같은 자료 분석에서 목적 함수는 비용 함수(cost function)가 되는 경우가 많다. 여기서 비용(cost)은 에러의 크기로 생각할 수 있다. 에러가 크면 비용이 크다고 보는 것이고, 비용을 최소화하는 것을 목적으로 하게 된다.

α: 그리스 문자로 알파(alpha)라고 읽는다.

β: 그리스 문자로 베타(beta)라고 읽는다.

미지수: $x+y=2$, $2x+y=3$과 같은 연립방정식에서, 우리는 x값과 y값을 구하는데, x와 y가 미지수(unknown)이다.

과정으로 α와 β값을 구하는 것이 선형 분석이다.

간단한 예를 들어 설명하면 좀 더 과정이 잘 보일 수 있다. 그림 2와 같이 데이터의 개수가 3개라고 해보자. 실제 데이터가 3개 있으니, y값도 3개 있고, x값도 3개 있고, 에러도 3개가 있게 된다. 그림 2에 있는 수치를 그대로 써서, y의 3개 값을 순서대로 0, 1, 3이라고 하고, x의 3개 값을 순서대로 0, 1, 2라고 하자. 그러면 첫 번째 에러 값은 $y-(\alpha+\beta x)$라는 에러 값의 모양에서 첫 번째 y값인 0과 첫 번째 x값인 0을 y와 x의 위치에 넣어 준 $0-(\alpha+\beta 0)$이 된다. 두 번째 에러 값은 $1-(\alpha+\beta 1)$이 나오게 되는데, 에러 값의 모양에 두 번째 y값인 1과 두 번째 x값인 1을 y와 x의 위치에 넣어 준 것이다. 세 번째 에러 값은 $3-(\alpha+\beta 2)$이 나오게 되는데, 역시 $y-(\alpha+\beta x)$에서 y의 위치에 세 번째 y값인 3을 넣고, x의 위치에 세 번째 x값인 2를 넣어서 구할 수 있다.

그렇게 에러 값이 구해졌으면 다음 단계로는 각각의 에러 값을 제곱해 준다. 그리고 제곱해 준 값을 다 더해 준다. 그러면 선형 분석의 목적 함수라고 부르는 $[0-(\alpha+\beta 0)]^2+[1-(\alpha+\beta 1)]^2+[3-(\alpha+\beta 2)]^2$이 나오게 된다. 선형 분석의 목적이 에러 값을 제곱한 것을 다 더한 다음에 최소화하는 것이기 때문에 "에러 값을 제곱해서 다 더한 것"을 목적 함수라고 부른다.

다음 단계는 목적 함수를 α와 β로 편미분해 주는 것이다. 이 부분에서 연쇄법칙이 사용된다. 목적 함수의 첫 번째 항인 $[0-(\alpha+\beta 0)]^2$을 α로 편미분해 주면 "$2[0-(\alpha+\beta 0)]$ 곱하기 -1"이 나온다. x^2을 미분하면 $2x$가 나오기 때문에 $[0-(\alpha+\beta 0)]^2$을 α로 편미분해 주면 우선은 $2[0-(\alpha+\beta 0)]$이 나오게 된다. 그런데 여기서는 연쇄법칙을 꼭 적용해야 한다. 연쇄법칙에 따라 $[0-(\alpha+\beta 0)]$를 α로 미분해 주어야 하고, 그렇게 구한 α의 기울기를 추가로 곱해 주어야 한다. α 앞에 $-$가 곱해져 있기 때문에, α의 기울기는 -1이 되고, 연쇄법칙에 따라 $2[0-(\alpha+\beta 0)]$에 -1을 추가로 곱해 주어서, 최종 편미분 값은 "$2[0-(\alpha+\beta 0)]$ 곱하기 -1"이 된다.

이 과정을 목적 함수 전체에 적용해 $[0-(\alpha+\beta 0)]^2+[1-(\alpha+\beta 1)]^2+[3-(\alpha+\beta 2)]^2$을 α로 편미분해 주면 "$2[0-(\alpha+\beta 0)]$ 곱하기 -1"+"$2[1-(\alpha+\beta 1)]$ 곱하기 -1"+"$2[3-(\alpha+\beta 2)]$ 곱하기 -1"이 나오고, 최종 편미분 값은 0이 되어야 한다. 이 부분을 연쇄법칙을

강조하기 위한 " "를 빼고 곱하기를 ∗로 써주면 다음과 같이 된다.

$$2[0-(\alpha+\beta 0)] * (-1)+2[1-(\alpha+\beta 1)] * (-1) \\ +2[3-(\alpha+\beta 2)] * (-1)=0.$$

다음 단계로는 이 식을 정리해 주어야 한다. 우선 공통적으로 곱해져 있는 2와 (−1)을 없앨 수 있다. −1/2을 양변•에 똑같이 곱해 주면 없어진다. −1/2을 양변에 곱해 줄 수 있는 것은 등호의 오른쪽에는 0이 있는데 (−1/2)∗0은 여전히 0이기 때문이다. 등호의 왼쪽에 −1/2을 곱해 주면, $2[0-(\alpha+\beta 0)] * (-1)$에서, 맨 앞에 곱해져 있는 2와 맨 뒤에 곱해져 있는 (−1)이 사라지게 된다. 마찬가지로 $2[1-(\alpha+\beta 1)] * (-1)$과 $2[3-(\alpha+\beta 2)] * (-1)$에서도 맨 앞에 곱해져 있는 2와 맨 뒤에 곱해져 있는 (−1)이 사라지게 된다. 그러면 식은 다음과 같이 정리된다.

양변: 양변은 등호의 왼쪽과 오른쪽을 말한다. 영어로 both sides라는 표현이 사용된다.

$$[0-(\alpha+\beta 0)]+[1-(\alpha+\beta 1)]+[3-(\alpha+\beta 2)]=0.$$

이 식은 y값인 0과 1과 3을 묶어 주고, $-\alpha$가 3개 있는데 3개를 같이 묶어 주고, $-\beta 0$과 $-\beta 1$과 $-\beta 2$를 같이 묶어 준다. 그러면 식은 다음과 같이 변형된다.

$$[0+1+3]+[-\alpha-\alpha-\alpha]+[-\beta 0-\beta 1-\beta 2]=0.$$

이 식의 $[-\beta 0-\beta 1-\beta 2]$에서 공통된 부분인 $-\beta$를 묶어 주면 이 부분은 $-\beta[0+1+2]$가 된다. 이렇게 정리된 부분을 포함해서 식을 써 주게 되면 다음과 같이 된다.

$$[0+1+3]+[-\alpha-\alpha-\alpha]-\beta[0+1+2]=0.$$

이렇게 정리된 식을 잘 살펴보면 첫 부분인 $[0+1+3]$은 y의 데이터 값인 0과 1과 3을 더한 것이다. 두 번째 부분은 $-\alpha$를 데이터 개수인 3개만큼 더한 부분이고, 세 번째 부분은 $-\beta$에 x의 데이터 값인 0과 1과 2를 다 더해서 곱해 준 것이다. 이 식의 의미는 명확해서, 첫 번째 부분은 y값을 다 더한 것이고, 두 번째 부분은 선형 분석에서 구하고자 하는 α에 데이터의 개수를 곱한 다음에 빼준 것이다.

세 번째 부분은 x값을 다 더한 다음에 $-\beta$를 곱해서 빼준 것이다. 이 식을 정리하면 다음과 같은 간단한 식이 된다.

$$4-3\alpha-3\beta=0.$$

이 식을 일반화할 수도 있다. y값을 다 더한 것은 수학적으로 표현하면 $\sum_{i=1}^{n} y_i$가 되고, 이는 데이터 개수가 n개일 때, 첫 번째 y값부터 마지막 데이터인 n번째 y값까지 다 더해 주라는 의미가 된다. x값을 다 더한 것은 수학적으로 표현하면 $\sum_{i=1}^{n} x_i$가 된다. 이러한 일반화된 수식을 사용하면 위의 식은 다음과 같이 쓸 수 있다.

$$\sum_{i=1}^{n} y_i - n\alpha - \beta \sum_{i=1}^{n} x_i = 0.$$

이제 남은 것은 선형 분석의 목적 함수인 $[0-(\alpha+\beta 0)]^2+[1-(\alpha+\beta 1)]^2+[3-(\alpha+\beta 2)]^2$를 β로 편미분해 주는 것이다. 이 부분에서도 연쇄법칙을 사용해야 한다. 연쇄법칙에 따라 β의 기울기를 추가로 곱해 주어야 해서 α보다는 조금 더 복잡하다. β에 $-$

와 0, 1, 2라는 x값이 각각 곱해져 있기 때문에, β의 기울기는 $-1*x$가 된다. 연쇄법칙에 따라 $-1*x$를 추가로 곱해 주면, 편미분한 값은 다음과 같이 되고, 0과 같아진다.

$$2[0-(\alpha+\beta 0)](-1*0)+2[1-(\alpha+\beta 1)](-1*1) \\ +2[3-(\alpha+\beta 2)](-1*2)=0.$$

이 식에서도 공통적으로 곱해져 있는 2와 (−1)을 (−1/2)을 등호의 왼쪽과 오른쪽에 똑같이 곱해서 없애 줄 수 있다. 그러면 식은 다음과 같이 정리된다.

$$[0-(\alpha+\beta 0)]*0+[1-(\alpha+\beta 1)]*1 \\ +[3-(\alpha+\beta 2)]*2=0.$$

이 식의 모양을 잘 살펴보면 특징이 있다. 첫 번째 부분을 보면 $[0-(\alpha+\beta 0)]*0$의 형태로 되어 있는데, $[0-(\alpha+\beta 0)]$ 부분은 에러 부분이다. 에러의 일반적인 모양은 $y-(\alpha+\beta x)$이다. 첫 번째 데이터에서 y값은 0이고 x값도 0이기 때문에, 첫 번째 에러 값은 $[0-(\alpha+\beta 0)]$이 된다. 그리고 첫 번째 에러 값인 $[0-(\alpha+\beta 0)]$에 "첫 번째 x값인 0"이 곱해져 있는 형태가 $[0-(\alpha+\beta 0)]*0$이다.

두 번째 부분도 같은 패턴을 보인다. $[1-(\alpha+\beta 1)]$은 y값이 1이고 x값이 1인 두 번째 데이터의 에러 값이고, 그 에러 값에 두 번째 x값인 1이 곱해져 있다. 세 번째 부분도 같다. $[3-(\alpha+\beta 2)]$은 y값이 3이고 x값이 2인 세 번째 데이터의 에러 값이고, 그 에러 값에 세 번째 x값인 2가 곱해져 있다.

이 부분은 일반화하여 보는 것이 좀 더 보기가 쉽기 때문에 먼저 일반화를 하고, 그 뒤에 구체적인 수치를 구하도록 하겠다. 에러의 모양을 일반화하면 $[y-(\alpha+\beta x)]$이고, 이 에러의 모양에 x값이 곱해진 형태이기 때문에 $[y-(\alpha+\beta x)]*x$가 된다. 에러의 모양과 x값이 곱해진 형태를 3개의 데이터에 대해 다 구하고 더해 주면 다음과 같이 된다.

$$[y_1-(\alpha+\beta x_1)]*x_1+[y_2-(\alpha+\beta x_2)]*x_2$$
$$+[y_3-(\alpha+\beta x_3)]*x_3=0.$$

이 식에서 y_1은 y의 첫 번째 값을 말하고, x_1은 x의 첫 번째 값을 말한다. $[y_1-(\alpha+\beta x_1)]$은 y_1과 x_1의 값을 적용하여 구한 에러의 모양이고, $[y_1-(\alpha+\beta x_1)]*x_1$은 에러의 첫 번째 모양에 x의 첫 번째 값이 곱해진 모양을 의미한다. 같은 방식으로 y_2는 y의 두 번째 값을 말하고, x_2는 x의 두 번째 값을 말한다. 이를 좀 더 일반화하면, y_i는 y의 i번째 값을 말하고, x_i는 x의 i번째 값을 말한다. i는 보통 수학에서 일반화를 할 때 쓰는 기호이다. i를 사용하여 식을 일반화하면 다음과 같다.

$$\sum_{i=1}^{n}[y_i-(\alpha-\beta x_i)]x_i=0.$$

일반화된 식에서 시그마(Σ)• 기호는 더하기를 의미한다. 그리고 이 식에서 에러의 모양인 $[y_i-(\alpha+\beta x_i)]$와 x_i를 곱해서 수학적으로 전개하면 다음과 같이 변한다.

시그마: 영어로 된 교과서에서는 summation이라는 표현을 사용한다.

$$\sum_{i=1}^{n}[y_ix_i-\alpha x_i-\beta x_i^2]=0.$$

그리고 구체적인 수치를 구하기 위해 더하기를 뜻하는 시그마 기호를 각각 분리해서 적용하는 방법을 사용한다. 시그마 기호는 기본적으로 덧셈이기 때문에 각각 나누어서 적용하는 것이 가능하다. 예를 들면, [2+3]+[2+3]을 계산할 때, 더해져 있는 것의 위치를 변경하고 더해도 된다. [2+2]+[3+3]을 해도 값이 같기 때문이다. 시그마 기호를 각각 분리해서 적용한 결과는 다음과 같다.

$$\sum_{i=1}^{n} y_i x_i - \alpha \sum_{i=1}^{n} x_i - \beta \sum_{i=1}^{n} x_i^2 = 0.$$

α와 β는 공통적이기 때문에 시그마 기호 바깥으로 나올 수 있다. 이 식의 의미를 설명하면 첫 번째 부분은 y값과 x값을 곱한 다음에 그 값을 다 더해 준 것이고, 두 번째 부분은 x값을 다 더한 다음에 α를 곱해서 빼준 것이다. 세 번째 부분은 x값을 제곱한 다음에 제곱한 값을 다 더하고 β를 곱해서 빼준 것이다.

이 식을 y값이 0, 1, 3이고, x값이 0, 1, 2인 그림 2의 데이터에 적용하면 다음과 같이 된다. 첫 번째 부분은 y값과 x값을 곱해서 더해 준 것이다. 따라서 그 값은 $(0 * 0)+(1 * 1)+(3 * 2)$가 되고, 그 값을 구하면 7이 된다. 두 번째 부분은 우선 x값을 다 더해 주어야 한다. x값을 다 더하면 0+1+2가 되고 3이라는 값을 얻는다. 그리고 x값을 다 더한 3에 α를 곱하고 빼주어야 한다. 세 번째 부분은 우선 x값을 각각 제곱하고 다 더해야 한다. x값을 제곱해서 다 더하면 $0^2+1^2+2^2$이 되고 5라는 값을 얻는다. 그리고 x값을 제곱해서 다 더한 5에 β를 곱하고 빼주면 된다. 이를 정리하면 다음과 같이 된다.

$$7-3\alpha-5\beta=0.$$

이 식이 선형 분석의 목적 함수를 β로 편미분해 준 두 번째 식이 된다. 선형 분석을 α로 편미분해 준 첫 번째 식과 β로 편미분해 준 두 번째 식에 y값과 x값을 넣어 수치를 구한 식은 다음과 같다.

$$4-3\alpha-3\beta=0,$$
$$7-3\alpha-5\beta=0.$$

이 2개의 식을 연립방정식으로 풀어 주면 $\beta=3/2$와 $\alpha=-1/6$이 나오는데, 이 값들이 선형 분석의 결과이다. 선형 분석은 x값을 다 더하는 작업과 y값을 다 더하는 작업, x값과 y값을 각각 곱한 다음에 더하는 작업, 그리고 x값을 제곱해서 더하는 작업을 하고, 연립방정식을 풀어 주기만 하면 된다. 그러므로 사실 계산적 측면에서는 매우 간단한 분석 방법이다. 컴퓨터는 이 과정을 매우 빨리 진행한다. 이 책에서는 최대한 수식을 줄이고 직관과 예시 위주로 설명을 하였는데, 이를 참고하면서 선형 분석에 대한 다른 자료를 공부하면, 좀 더 선형 분석을 잘 이해할 수 있을 것이라 생각된다.

가설검정과 표준편차

최소제곱법을 사용하여 선형 분석을 하였다면, 마지막으로 필요한 작업은 가설검정을 하는 것이다. 가설검정은 데이터 분석을 믿을 수 있는지 없는지를 통계학적으로 확인하는 작업이다. 가설검정의 방법론도 직관적으로 생각하는 것과는 다른 방식이 사용되어 반복적인 학습이 필요하다. 가설검정을 통해 데이터 분석이 믿을 수 있는지를 확인하는 방법으로는, 최소제곱법으로 구한 기울기의 값이 "0과 같은지 아닌지"를 확인하는 방법이 사용된다.

일반적인 직관과 다를 수도 있는 부분은 직선의 기울기 값이 2가 나오는 경우에도 100이 나오는 경우에도, 기울기의 크기와는 상관없이, 기울기의 값이 0인지 아닌지만을 판별•한다는 것이다. 기울기의 값이 2일 때는 0과 같은지 아닌지를 판별하면 될 것도 같은데, 기울기가 100일 때는 50과 같은지 아닌지를 판별하는 것이 더 중요할 것도 같다. 하지만 가설검정에서는 그렇게 하지 않고 기울기의 크기와 상관없이 0인지 아닌지만을 판별한다. 왜냐하면 통계적 가설검정에서는 "0과 같은지 아닌지"만을 주로 판별하기 때문이다.

판별: 통계적인 기준에서 참인지 거짓인지를 구분하는 것이다. 영어로는 testing이라는 용어가 사용된다.

하지만 기울기의 값이 2일 때와 기울기의 값이 100일 때는 조정을 좀 해 주어야 하는 것이 맞다. 기울기의 크기가 다르기 때문이다. 그런데 가설검정에서는 2를 0과 비교하고, 100을 50과 비교하는 방법을 사용하지 않고, "데이터의 분포를 측정하는 값인 분산을 사용하여 조정"해서 판별하는 방식을 사용한다. 예를 들어서 다시 설명하면 기울기의 값이 2라도 분산이 1이라면, 데이터가 비교적 촘촘하게 분포되어 있기 때문에, 기울기의 값인 2와 데이터의 분포 정도의 측정값인 1을 비교해서 판별을 실시한다. 그런데 기울기의 값이 100이라도 분산이 10000이라면, 데이터가 넓게 분포되어 있기 때문에 기울기가 크고 분산도 크다는 점을 반영하여 판별을 실시하는 것이다. 가설검정에서는 이처럼 분산이라는 데이터의 분포 정도를 반영하는 방식으로, 기울기의 값이 2나 100일 때도 0과 같은지 아닌지를 통계적으로 판별한다.

가설검정 과정을 통계적으로 이해하기 위해서는 표준편차라는 개념에 대해 알아야 한다. 표준편차는 간단하게 말하면 분산에 루트•를 적용한 값을 말한다. 분산에서 직관적이지 않았던 부분 중 하나는, −100과 100이라는 데이터에서는 제곱을 해서, 평균편차인 −100의 제곱인 10000과 100의 제곱인 10000이 사용된다는 점이다. 제곱을 하지 않으면 작은 숫자를 사용할 수 있는데, 제곱을 해서 큰 숫자를 사용한다는 점이 직관적이지 않은 것이다.

루트: 영어 교과서에서는 루트(root)라는 표현이 아니라 스퀘어 루트(square root)라는 표현이 사용된다.

표준편차는 이 부분을 해결하기 위해 사용된다. −100과 100이라는 데이터에서 자유도의 상실이 없는 "전체 분산"을 구하면, 첫 번째 평균편차 −100의 제곱인 10000과 두 번째 평균편차 100의 제곱인 10000을 더한다. 그리고 평균편차의 제곱을 다 더한 값인 20000을, 데이터의 개수인 2로 나누어, 10000이라는 분산을 얻게 된다. 표준편차는 10000이라는 숫자에 루트를 적용하여, 제곱한 효과를 없애 주는 방법을 사용한다. 분산 10000은 100의 제곱으로 표현될 수 있는데, 100의 제곱에 루트를 적용하면 제곱이 사라지고 100만 남는다. 따라서 분산이 10000일 경우에 표준편차는 100으로 줄어들게 된다.

통계학에서는 어떤 경우에는 분산이 더 편리하고, 어떤 경우에는 표준편차를 사용하는 것이 더 편리하다. 하지만 지금까지의 강의 경험에 따르면, 루트가 들어가는 표준편차를 먼저 강의하게 되면 단점이 있다. 학생들은 표준편차라는 데이터의 분포를 측정하는 다른 지표를 루트 때문에 복잡하다고 생각하고 이해하려 하기보다는 외우고 넘어가려는 경향을 보이게 된다. 그래서 이 책에서는 데이터의 분포의 측정방식인 분산을 먼저 설명하고, 표준편차는 가설검정을 설명하는 이 부분에서 처음으로 설명하는 방식을 취하고 있다.

표준편차가 가설검정에 사용되는 이유는 통계학에서 데이터를 "표준화•"할 때 표준편차를 사용

표준화: 확률 밀도 함수의 측면에서 보면 표준화는 평균을 0으로 바꾸고, 분산을 1로 조정해서, 우리가 알고 있는 표준 정규 분포 함수를 사용하기 위하여 하는 작업으로 이해할 수 있다.

하기 때문이다. 여기서 표준화라는 말은 데이터의 값을 데이터의 분포 정도를 고려하여 조정해 준다는 말이다. 앞에서 사용한 −1과 1이라는 데이터를 생각해 보면 이 데이터의 경우 평균은 0이고 전체 분산은 1로 측정된다. 분산이 1이기에 표준편차도 1이라는 특별한 성질을 가지게 된다. 분산인 1의 제곱은 1이고, 1의 제곱에 루트를 적용한 표준편차도 1이 되기 때문이다. 이러한 특별한 성질은 앞으로도 자주 이용된다. −100과 100이라는 데이터를 생각해 보면, 이 데이터의 경우 평균은 0이고 전체 분산은 10000으로 측정된다. 분산인 10000은 100의 제곱으로 표현되고, 100의 제곱에 루트를 적용한 표준편차는 100이 된다.

선형 분석의 가설검정은, 선형 분석으로 구한 직선의 기울기 값을, 기울기의 표준편차로 나누어 주는 방식으로 진행한다. 이제 표준편차에 대해 설명하였으니, 앞에서 예로 들었던 기울기가 2이고 분산이 1인 경우와, 기울기가 100이고 분산이 10000인 경우를 다시 살펴보자. 기울기가 2인 경우 분산은 1이고, 표준편차도 1이 된다. 따라서 기울기 2를 표준편차 1로 나누어 주면 표준화된 값은 2가 나온다. 기울기가 100인 경우 분산은 10000이고, 표준편차는 100이 된다. 따라서 기울기 100을 표준편차 100으로 나누어 주면 표준화된 값은 1이 나온다. 기울기 2보다 기울기 100은 더 크다. 하지만 기울기를 표준편차로 나누어 준 값을 비교하면, 기울기 2를 표준편차 1로 나누어 준 표준화된 수치 2는, 기울기 100을 표준편차 100으로 나누어 준 표준화된 수치 1보다 더 크다. 다시 정리하면, 가설검정은 기울기를, 데이터의 분포를 측정해 주는 지표인 표준편차로 나누어서 표준화된 기울기가 0과 같은지 아닌지를 판단한다.

보다 정확하게는 기울기 값에서 0을 빼고 표준편차로 나누어 준다. 0을 빼는 것은 수학적으로는 의미가 없지만 가설검정의 논리적 측면에서는 역할이 있다. 0을 빼는 이유는 가설검정의 시작점이 귀무가설이기 때문이다. 귀무가설이라는 말은 쉽게 이해하기 어려운 용어이다. 좀 더 풀어서 설명한다면, 귀무가설은 없음을 뜻하는 “무”로 돌아가는(“귀”) 가설이라는 뜻이다. 사실 이 풀이도 어렵기 때문에 직관적으로 다시 설명하면, 귀무가설은 데이터 분석에 전혀 의미가 없다는 가설이다. “효과 없음" 가설이라는 용어가 더 적합할 것도 같다. 데이터 분석이 전혀 의미가 없다는 것으로 생각하고, 귀무라는 의미가 숫자 0을 뜻한다고 생각하면 된다. 그런 의미에서 귀무가설 대신 0가설이라는 용어를 쓰기도 한다.

선형 분석에서는 데이터를 직선으로 변환하는데, 귀무가설에서는 직선의 기울기가 0이라고 생각한다. 선형 분석으로 구한 직선의 기울기가 0이라는 것은, 데이터 분석 결과 데이터 분석에서 의미 있는 결과를 찾지 못하였다는 것이다. 따라서 선형 분석에서는 기울기 값이 0이 아니어야 분석에 의미가 있게 된다. 기울기 값이 0이라는 것은 데이터에서 변수들 사이에 아무런 연관성•이 없다는 말이기 때문이다.

연관성: 여기서의 연관성은 인과관계와는 다르다는 점에 주의할 필요가 있다. 인과관계는 원인과 결과를 구분하는 것이 중요한데, 연관성은 원인과 결과 사이에는 항상 높기 때문에, 원칙적으로 연관성만으로는 인과관계를 알아낼 수 없다.

그래서 가설검정에서는 선형 분석으로 구한 직선의 기울기가 2라고 한다면, 2라는 직선의 기울기가 0이라는 귀무가설에서 생각하는 기울기와 같은지 아닌지를 확인한다. 선형 분석에서 구한 2와 귀무가설에서 생각하는 0이 같은지 다른지를 확인하기 위해, 첫 번째 단계로 2라는 기울기와 0이라는 기울기의 차이를 구한다. 2라는 기울기와 0이라는 기울기의 수치적 차이를 구하는 방법은 2에서 0을 빼는 것이다. 결괏값은 그대로 2가 된다. 하지만 0을 빼는 부분은 가설검정의 시작점인 귀무가설의 의미를 설명하기 위해 필요하다. 그래서 가설검정에서는 원칙적으로 선형 분석의 기울기 값인 2에서 0을 빼준 다음에 표준편차로 나누어 준다.

기억하고 있다면 좀 지겨울 수도 있겠지만 반복학습을 위해 예시를 한 번 더 들어 보자. 기울기 값을 표준편차로 나누어 주는 이유는, 기울기 값을 데이터의 분포를 고려한 값으로 변환해 주기 위해서이다. 수치를 달리한 예를 들어 보면, 기울기 값이 2일 때 표준편차가 2라면, 기울기 값을 표준편차로 나눈 값은 1이 된다. 데이터의 분포를 고려한 기울기 값은 원래의 값인 2가 아니라 표준편차를 통해 1로 "표준화"되는 것이다. 기울기 값이 2일 때, 표준편차가 0.5라면, 기울기 값을 표준편차로 나눈 값은 4가 되고, 데이터의 분포를 고려한 기울기 값은 4로 표준화된다. 이는 분포가 넓게 퍼져 있는 데이터에서의 2라는 값과 분포가 좁게 퍼져 있는 데이터에서의 2라는 값은 다르게 구분되어야 하기 때문이다. 분포를 고려하여 기울기 값을 조정해 주는 것이 데이터를 표준화해 주는 과정이다.

가설검정에서는 기울기 값을 표준편차로 나누어 표준화한 값을 사용하여 기울기 값이 통계적으로 0과 같은지 다른지를 판단한다. 표준화한 값이 1.96보다 크거나, −1.96보다 작으면, 데이터의 선형 분석을 통해 구한 기울기 값이 가설검정을 통과한 것이다. 그리고 통계적으로 의미가 있다고 판단한다. 기울기 값이 가설검정을 통과하였다는 것은, 기울기의 값이 0과 차이가 없다고 생각하는 귀무가설이 제시하는 의심을 통과하였다는 뜻이다. 이를 통계적 용어로는 귀무가설을 기각•하였다고 한다. 귀무가설을 기각해야, 데이터 분석이 의미•가 있게 된다.

앞에서 사용한 수치로 다시 설명하면, 기울기 값이 2일 때 표준편차가 2가 되면, 표준화된 값은 1이다. 그리고 표준화된 1은 1.96보다 작기 때문에 가설검정을 통과하지 못한다. 이는 귀무가설을 기각하지 못한다는 말이고, 데이터 분석의 의미가 없다는 것이다. 하지만 기울기 값이 2일 때, 표준편차가 0.5가 되면 표준화된 값은 4가 되고, 이 값은 1.96보다 크기 때문에 가설검정을 통과한다. 이는

귀무가설 기각: 귀무가설을 기각하였다는 것은 통계적 분포에서 귀무가설을 기각하였다는 것이다. 하지만 귀무가설의 기각은 주로 통계적으로 5% 정도의 수준에서 일어나기 때문에 5% 정도 오류가 발생할 확률이 있게 된다.

데이터 분석의 의미: 데이터 분석에 의미가 있어야 연구 결과를 인정받을 수 있기 때문에 통계적 의미 있음은 일반적으로 중요성으로 받아들여진다. 하지만 통계적 의미 있음이 항상 중요성을 의미하는 것은 아니며, 통계적으로 의미 있다고 하더라도 중요하지는 않을 수 있다는 것을 염두에 두는 것이 바람직하다.

귀무가설을 기각하였다는 말이고, 데이터 분석의 의미가 있다는 것이다. 왜 1.96이라는 숫자를 기준으로 하는지는, 다음 장에서 로짓 분석을 설명하기 위해 확률 밀도 함수에 대해 이야기할 때, 자세하게 설명할 것이다.

2

로짓 분석

- 로짓 함수
- Exponential과 확률 밀도 함수
- 최대가능도 추정
- 로짓 분석

머신러닝 강의는 보통 데이터의 특징을 가장 잘 보여 주는 직선을 찾는 선형 분석부터 시작한다. 선형 분석을 통해 데이터는 예측•과 분석이 쉬운 직선의 형태로 변환된다. 많은 경우 데이터의 분포는 직선 모양을 잘 나타내지 않는데, 데이터의 분포를 직선 모양으로 변환하면 예측과 분석이 쉬워지게 된다.

머신러닝 강의의 다음 단계는 데이터의 결괏값이 0 아니면 1만을 가지는 상황인 로짓 분석으로 진행된다. 컴퓨터는 결괏값이 0 아니면 1이 나오는 상황을 좋아하기에 로짓에 대한 강의는 대부분의 머신러닝 강좌에 포함되어 있다. 결괏값이 0 아니면 1이 나오는 상황은 시험을 치고 합격과 불합격이 결정되는 상황으로 이해하면 좀 더 직관적일 수 있다. 공부시간이 많은 학생들은 합격을 하고, 공부시간이 적은 학생들은 불합격을 하는 상황을 생각해 볼 수 있다. 그런데 가끔 공부시간이 적은 학생이 합격을 하기도 하고, 공부시간이 많은 학생이 불합격을 하기도 한다. 따라서 합격과 불합격은 확률의 문제가 된다. 공부시간에 따른 합격과 불합격의 확률을 보다 정확하게 예측하기 위한 분석이 로짓 분석

예측: 선형 분석의 예측은 결괏값이 연속적인 수치가 아닌 비연속적인 값이 될 때에는 적용하기 어려운 측면이 있다. 예를 들어, 확률은 0과 1 사이의 값만을 가지게 되는데, 선형으로 예측하게 되면 확률이 0보다 작은 구간이나 1보다 큰 구간이 필연적으로 나타난다. 그러한 경우에는 다른 분석 방법을 사용해야 한다.

이라고 이해한다면, 쉬운 설명을 위해 생략하고 단순화한 부분이 많기는 하지만 전반적으로 큰 무리는 없다.

머신러닝의 다음 단계는 로짓 분석을 확장한 일반적인 분류•에 대한 강의로 이어진다. 머신러닝을 통해 인공지능은 0과 1로 나누는 단순분류를 넘어서, A, B, C와 같은 여러 가지 선택지 중에 하나를 골라 주는 일반적인 분류와 예측을 수행한다. 챗GPT는 "공부를 잘하기 위해서는"이라는 단어들이 주어지면, 알고리즘을 통해 "공부를 잘하기 위해서는"이라는 단어들 다음에 나올 수 있는 단어를 분류하고 예측하는 작업을 수행한다. 그리고 "공부를 잘하기 위해서는"이라는 단어들 다음에 나올 수 있는 단어들 중 "무엇보다"라는 단어가 가장 높은 확률을 가지고 있다면 "무엇보다"라는 단어를 추가한다.

챗GPT는 다음 단계로 "공부를 잘하기 위해서는 무엇보다"라는 단어들 다음에 나올 단어를 예측한다. 그리고 예측의 결과로 "규칙적인"이라는 단어가 나오면 또 "규칙적인"을 추가한다. 그리고 "공부를 잘하기 위해서는 무엇보다 규칙적인"이라는 단어들 다음에 나올 단어를 또 예측하는 것이다. 그러한 연

일반적인 분류: 일반적인 분류에서는 A가 일어날 확률과 A가 일어나지 않을 확률로 나누어서 분석을 하게 된다. A와 B만 있을 때는 A가 일어나지 않을 확률이 B가 되는데, 그러한 특성과 모든 확률을 더하면 1이 된다는 것을 활용해서 분석하게 된다.

속적인 분류와 예측의 결과는 "공부를 잘하기 위해서는 무엇보다 규칙적인 학습 습관이 중요하다"라는 문장으로 만들어지게 된다.

인공지능을 이해하기 위한 통계학의 수요는 거의 모든 분야의 학문과 그 분야를 공부하는 학생들에게서 발견할 수 있다. 학생들은 데이터 분석의 기초인 선형 분석부터 잘 이해하지 못하고 피상적으로 이해하거나 무작정 외우고 시험만을 친 경우가 많았다. 예전에 통계학을 피상적으로 이해하고, 외워서 시험만을 쳤던 나와 상황이 비슷하였다. 나는 개인적인 경험에서 잘 알고 있다. 그렇게 통계학을 공부하게 되면 자료 분석을 할 때마다 어딘가 좀 불안하다. 하지만 자료 분석은 거의 모든 분야에서 사용되기 때문에 자료 분석과 통계학을 피해 갈 수 있는 방법도 별로 없다. 그렇다고 혼자 공부하기에는 교과서를 스스로 읽기도 힘들고, 또 설명이 매우 불친절하다. 그러니 쉽고 반복적인 통계 강의에 대한 수요는 높을 수밖에 없다.

그래도 선형 분석은 비교적 나은 편이다. 직선이기에 비교적 쉽고, 자료 분석의 첫 단계이기 때문에 많은 관련 자료가 있다. 하지만 학생들에게 로짓 분석을 쉽게 강의하기 위해 관련 자료를 찾아보자, 로짓 분석을 이미 알고 있는, 그리고 대학원생들에게 강의하기도 하였던 나도 알아보기 힘든 자료들이 많았다. 그렇다고 예전에 대학원생들에게 강의하듯이 어렵게 핵심만 강의하고 알려면 알고, 모르면 학생들이 공부를 열심히 안한 것이니 어쩔 수 없다는 기조로 강의할 수도 없었다. 그래서 쉬운 강의노트와 책을 학생들에게 강의하며 학생들의 의견을 들으며 직접 만든 결과물이 이 부분이다.

로짓 함수

로짓 분석의 원리는 인공지능과 좀 더 직접적으로 연관되어 있기 때문에 수학적인 내용을 보다 많이 다루어야 한다. 처음 이 책을 기획하였을 때는 책이 두꺼워지더라도, 수식을 최대한 자세하게 설명해 주는 것을 목표로 하였다. 하지만 책을 쓰며 방향이 바뀌어, 수식을 최대한 쓰지 않으면서 직관적으로 원리에 대해 설명하고자 하였다. 그리고 다른 로짓 분석 관련 자료에서 수식과 논리적 전개 내용을 보았을 때, 좀 더 수학적인 부분을 쉽게 이해하도록 하는 것을 목표로 하였다. 수식은 관련 다른 자료에서 충분히 제공해 주고 있기 때문에, 그 수식과 논리를 이해하기 위한 직관적 설명을 수식 없이 최대한 설명해 내는 것이 목표였다. 하지만 안타깝게도 수식을 전혀 쓰지 않을 수는 없었다. 그래서 수식이 좀 불편하더라도 최대한 이해하려고 노력하며 책을 읽는 것을 권장한다.

로짓 분석을 이해하기 위해서는 우선 함수•에 대해 알아야 한다. 그림 3에서 보는 것처럼 로짓 함수는 0과 1 사이의 값만을 가지는 함수이다. 로짓 함수는 0에 가까운 값에서 시작해 점차 증가해서 1에 가까운 값으로 변화한다. 함수의 값이 0에서 1 사이의 값만을 가지기 때문에 로짓 함수의 값은 확률과 비슷한 의미를 가지게 된다.

함수: 함수의 가장 큰 특징은 1대1로 x값과 y값이 대응된다는 것이다. 보다 정확하게 말하면 x값이 정해지면 y값이 유일하게 정해진다는 것이다. 함수의 1대1 대응성은 매우 중요한 특징으로 함수를 분석할 때 꼭 주의해야 할 부분이다. 많은 학생들이 1대1 대응이 되지 않는 경우에도 함수로 분석하려는 실수를 경험하게 된다.

앞서 말한 시험의 합격과 불합격을 예로 들어 좀 더 구체적인 설명을 할 수 있다. 로짓 함수는 기본적으로 결괏값이 2개인 경우에 적용할 수 있다. 시험을 본 뒤의 결과는 합격과 불합격으로만 나뉜다. 합격하였을 때의 결괏값은 1이고, 불합격하였을 때의 결괏값은 0이다. 결괏값은 0과 1의 2개만 존재하고, 로짓 함수의 값은 확률처럼 항상 0에서 1 사

|그림 3| 로짓 함수의 그래프

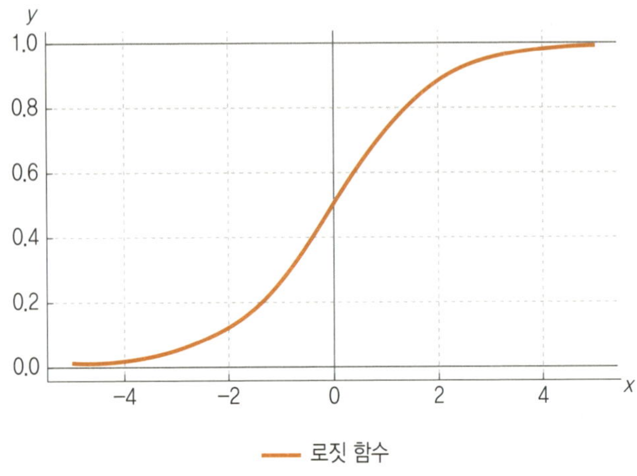

이에만 있다. 따라서 확률과 비슷한 로짓 함수를 활용하여, 결괏값 1이 나오는 합격할 확률과, 결괏값 0이 나오는 불합격할 확률을 구할 수 있다.

시험의 합격과 불합격을 결정하는 것은 공부한 시간이다. 시험을 10명이 쳤다고 할 때, 10명이 공부한 시간은 각각 다르다. 공부를 많이 할수록 합격할 확률은 높아지고, 공부를 적게 할수록 합격할 확률은 낮아지게 된다. 분석을 위해 공부를 적게 한 사람부터 공부를 많이 한 사람 순으로 줄을 세운 뒤에, 누가 합격하였고, 누가 불합격하였는지를 알아

본다. 공부를 많이 한 5명은 합격하고, 공부를 적게 한 5명은 불합격하는 결과가 나타난다면 가장 분석하기 쉬운 상황이 된다. 평균보다 적게 공부한 사람들이 합격할 확률은 0이 되고, 평균보다 많이 공부한 사람들이 합격할 확률은 1이 된다. 이 경우에는 사실 로짓 함수를 써야 할 필요도 없다.

문제는 공부를 적게 하고도 합격한 사람이 있고, 공부를 많이 하고도 합격하지 못하는 사람이 있다는 것이다. 그런 상황에서는 합격과 불합격이 확률로 결정된다. 공부를 많이 할수록 합격할 확률이 높아지지만 꼭 합격하는 것은 아니기 때문에 확률을 맞추는 것이 중요해진다. 공부를 많이 하고도 불합격하는 사람이 많아질수록 로짓 함수는 전체적으로 부드럽게 증가하게 된다. 공부를 많이 하고도 합격할 확률이 상대적으로 낮아지게 되기 때문이다. 공부를 많이 해도 합격할 확률이 급격하게 높아지지 않는 경우에는 로짓 함수가 1이라는 값 또는 확률을 향해 천천히 증가한다.

반대로 공부를 많이 하면 불합격하는 사람이 거의 없는 상황에서는, 로짓 함수는 급격하게 증가하게 된다. 공부를 많이 하면 합격할 확률이 매우 높아지게 되기 때문이다. 공부를 많이 할수록 합격할 확률이 급격하게 높아지는 경우에는, 평균 공부시간보다 공부를 적게 하면 합격할 확률이 낮다가, 평균 공부시간보다 공부를 많이 하면 합격할 확률이 빠르게 높아지게 된다.

로짓 분석에서는 시험을 친 10명의 사람을 대상으로, 합격할 확률을 예측하는 로짓 함수의 모양이 부드럽게 증가하는지, 급격하게 증가하는지와 같은 로짓 함수의 모양을 구하는 것을 목표로 한다. 공부를 많이 할수록 합격할 확률이 급격하게 높아지는 경우와 그렇지 않은 경우에 따라 어떤 로짓 함수의 모양이 적합한지를 추정해 내는 것이다. 로짓 분석이 완료되면 로짓 분석을 통해 공부시간에 따라 합격할 확률을 예측할 수 있다.

합격할 확률을 예측하는 로짓 분석은, 공부시간에 따라 합격할 사람과 불합격할 사람을 구분하는 분류작업과 같은 의미를 가진다. 공부시간에 따라 합격할 확률이 구해졌을 때, 합격할 확률이 불합격할 확률보다 높다면 합격할 것으로 분류하고, 반대의 경우에는 불합격할 것으로 분류한다. 따라서 인공지능을 활용한 분석에서 1과 0의 구분이 필요한 경우에는 로짓 분석을 활용하게 된다.

문제는 로짓 분석은 직선을 사용하는 선형 분석이 아니라 비선형 분석이라는 것이다. 비선형 분석의 경우에는 선형 분석보다 분석에 어려움을 겪게 된다. 따라서 로짓 분석을 설명하는 자료들은 매우 이해하기 어렵게 되어 있다. 비선형 분석을 설명하기 위해서는 로짓 함수를 비롯하여 다양한 비선형 분석에 활용되는 개념들과 논리적 구조를 설명해야 하는데, 그것들을 잘 설명하는 것이 매우 어렵기 때문이다.

학생들에게 로짓 분석을 강의하기로 처음 생각하였을 때는 사실 쉽게 강의할 수 있을 것이라고 예상하였다. 하지만 막상 로짓 분석을 쉽게 강의하려고 준비를 하자, 여러 가지 어려움이 있었다. 로짓 분석과 관련된 쉽게 설명된 자료를 찾아보았지만 결코 찾을 수가 없었다. 목적 함수라고 부르는 로짓 분석을 하기 위한 시작점인 수식부터 쉽게 직관적으로 설명하는 것이 불가능하였다. 처음으로 로짓 분석과 관련된 자료들이 어렵게 쓰여질 수밖에 없는 이유를 이해하였다.

학생들에게 쉽게 강의하려고 강의계획을 짜면

서 결국 도달한 강의구조는 로짓 분석을 강의하기 위해서는 로짓 분석에 사용되는 통계적 방법론인 최대가능도 추정을 강의해야 한다는 것이었다. 그렇지 않고서는 합격할 확률과 불합격할 확률이 복잡한 형태로 곱해져 있는 비선형 함수인 로짓 분석의 목적 함수가 왜 그런 모양을 가지고 있는지를 설명할 수 없었다.

최대가능도 추정을 위해서는 확률 밀도 함수를 알아야 하였다. 그것도 확률 밀도 함수의 수학적 정의를 알아야 하였다. 그런데 확률 밀도 함수의 수학적 정의에는 exponential을 뜻하는 *e*가 등장한다. 그래서 설명해야 될 것이 많다.

Exponential과 확률 밀도 함수

Exponential은 지수라고 번역된다. 그런데 지수라는 번역으로는 exponential이 가지고 있는 의미를 알기 힘들기 때문에, 추가적인 설명이 필요하다. Exponential에는 급격하게 증가한다는 의미가 있다. 10의 제곱은 100, 10의 세제곱은 1000, 10의 네제곱은 10000으로 커지는 것과 같이 기하급수적으로 빠르게 증가하는 것을 뜻하는 것이 exponential의 개념이다.

Exponential의 개념은 "이자에도 이자를 지급하는 복리이자•"를 생각해 보면 가장 직관적으로 설명할 수 있다. 100원에 1년 동안 100%의 이자를 한 번 지급하는 경우를 생각해 보자. 100원의 원금에 100% 이자를 한 번 지급하면 원금 100원에 이자 100원을 합한 200원을 얻게 된다. 그런데 100원에 6개월에 한 번씩 50%의 이자를 두 번 지급하는 경우도 생각해 보자. 이 경우에는 복리로 인해 200원보다 더 큰 225원을 받게 된다. 100%의 이자를 한 번 지급하는 것보다 50%의 이자를 두 번 받는 것이 더 많은 이자를 받을 수 있게 되는데, 이것은 복리이자의 원리인 이자에도 이자를 지급하는 것과 관련이 있다.

원금 100원에 대해 6개월 후 50%의 이자를 지급하면, 100원의 원금에 50원의 이자를 받게 된다. 그리고 6개월이 더 지나면 100원의 원금에 50원의 이자를 한 번 더 받고, 추가로 50원의 이자에 25원의 이자를 더 받게 된다. 그래서 총금액은 100, 50, 50, 25를 다 더한 225원이 된다. 이는 수학적으로

복리이자: 복리는 매우 강력하다는 특징을 가지고 있다. 복리의 강력함을 보여 주는 예로는 미국 원주민이 뉴욕의 맨해튼 섬을 1626년에 24달러 정도에 팔았는데, 8%의 복리를 적용하면, 현재의 맨해튼 섬의 부동산 가격을 다 합친 것보다 훨씬 더 크다는 것이 있다.

일반화시킬 수 있는데, 100(1+0.5+0.5+0.25)가 된다. 이 식을 한 번 더 정리하면 $100(1+0.5)^2$으로 일반화시킬 수 있다. 여기서 0.5는 50%의 이자를 주는 것을 뜻하고, $(1+0.5)^2$에서 제곱은 50%의 이자를 복리로 두 번 주는 것을 뜻한다.

3개월에 25%의 이자를 네 번 주는 경우를 생각해 보면 $100(1+0.25)^4$이 되고, 이 값은 대략 244원 정도가 되는데, 25%씩 이자를 네 번 주는 경우가 50%씩 이자를 두 번 주는 경우보다 더 큰 값이 나오는 것을 볼 수 있다. 여기서 일종의 법칙성을 발견할 수 있는데, 이자를 적게 자주 받을수록 받는 금액의 총합이 커진다는 것이다. 그렇다면 이자를 가장 적게 해서 가장 자주 받으면 얼마가 될까에 관심을 가질 수 있다. 그리고 그 값이 바로 exponential의 개념이다. Exponential은 보통 *e*라고 쓰는데, 그 값은 2.71 정도가 된다. 다시 말해, 매 순간 1년 동안의 합계 이자율이 100%가 되게 이자를 준다면 100원을 맡기면 271원을 복리로 받는 것이 최대라는 것이다.

Exponential을 뜻하는 *e*에 대해서 이해하여야 하는 이유는 *e*가 정규 분포•의 확률 밀도 함수에 나

정규 분포: 통계학자들은 정규 분포라는 용어를 많이 사용하고, 공학자들은 가우시안(Gaussian) 분포라는 말을 더 많이 사용하는 경향이 있는데, 같은 내용을 용어만 다르게 사용하는 것이다.

오기 때문이다. 정규 분포는 통계학에서 가장 기본이 되는 분포이다. 통계학에서는 랜덤 변수의 분포가 정규 분포를 따른다고 생각한다. 통계학을 한 번쯤 배웠으면 그림 4에서 보는 것과 같은 종 모양의 곡선을 한 번쯤은 보았을 텐데, 그 종 모양의 분포가 정규 분포이다.

정규 분포는 종 모양의 한가운데 지점을 중심으로 완벽하게 대칭•을 이루고 있다. 정규 분포의 종 모양 한가운데 지점이 정규 분포의 평균이 되는데, 정규 분포의 평균을 μ•라고 일반적으로 표현한다.

정규 분포의 모양: 정규 분포가 종 모양의 한가운데 지점을 중심으로 완벽한 대칭을 이루는 이유는 확률 밀도 함수에 제곱이 포함되어 있기 때문이다. 지수 부분에 제곱이 포함되어 있으므로 양수 부분도 음수 부분도, 제곱을 통해 동일한 값을 가지게 되고, 결괏값이 대칭을 이루게 된다.

μ: 그리스 문자로 뮤(mu)라고 읽는다.

|그림 4| **정규 분포와 확률 밀도 함수**

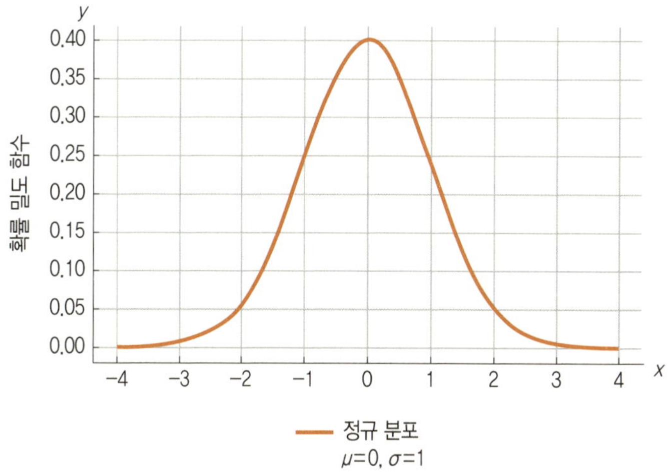

정규 분포는 평균점이자 중심축인 μ에 가까울수록 나올 수 있는 가능성이 높아진다. 여기서 확률이 아니라 가능성이라는 말을 쓴 이유는, 정규 분포에서는 확률이 학생들이 일반적으로 고등학교 때 배웠던 확률과 다르기 때문이다. 보다 정확하게 설명하자면, 정규 분포에서는 중심축인 μ에 가까워질수록 확률이 아닌 확률 밀도가 높아진다. 확률이 높아졌다면 통계학을 배우기가 참 쉬웠을 텐데, 안타깝게도 확률과는 다른 확률 밀도가 높아진다. 여기서 말하는 확률 밀도는 그림 4에서 볼 수 있는 종 모양의 곡선의 높이이다.

확률 밀도에 대해 설명하기 위해서는 분리된 랜덤 변수와 연속적인 랜덤 변수에 대해 알아야 한다. 분리된 랜덤 변수는 일반적으로 이산 랜덤 변수로 번역되는데, 이산이라는 말에서는 discrete의 의미를 이해하기 어렵기 때문에 이 책에서는 분리된 랜덤 변수라는 말을 사용하고자 한다.

분리된 랜덤 변수의 예로는 동전이나 주사위를 생각해 볼 수 있다. 동전은 앞, 뒤라는 결괏값이 분리되어 있다. 주사위는 1, 2, 3, 4, 5, 6이라는 결괏값이 분리되어 있다. 동전과 주사위처럼 결괏값이 명확하게 분리되어 있는 것이 분리된 랜덤 변수의 예이다. 학생들이 일반적으로 고등학교 때 통계학 수업에서 배우는 것이다. 문제는 대학에서 배우는 통계학과 선형 분석과 같은 자료 분석에서는 분리된 랜덤 변수를 거의 사용하지 않는다. 그리고 분리된 랜덤 변수와 연속적인 랜덤 변수의 차이점에 대해 이해하지 못하고 대학 수준의 통계학을 배우게 되면, 학생들의 분리된 랜덤 변수에 대한 기억이 연속적인 랜덤 변수를 이해하는 데 오히려 방해가 되는 것을 강의를 하면서 발견할 수 있었다.

학생들이 확률 밀도 함수를 이해하지 못하는 것은 고등학교 때 배운 동전이나 주사위와 같은 분리된 랜덤 변수에는 확률만 있고 확률 밀도는 없기 때문이다. 그런데 확률 밀도를 공부할 때, 고등학교 때 배웠던 동전이나 주사위를 통해 이해하려고 한다. 동전이나 주사위에는 확률 밀도가 없는데, 동전이나 주사위에 적용하였던 방식으로 확률 밀도를 이해하려고 하니 문제가 생기게 된다. 그래서 연속적인 랜덤 변수와 확률 밀도 함수를 강의할 때, 학생들에게 동전이나 주사위에서 배웠던 것은 차라리 잊어버리는 것이 좋을 수도 있다고 이야기한다.

확률 밀도 함수를 이해하기 위해서는 랜덤 변수에 대해서 우선 알아야 한다. 랜덤 변수란 랜덤하게 결괏값을 만들어 내는 변수이다. 예를 들어 설명하면, 동전을 랜덤 변수를 만들어 내는 도구로 생각할 수 있다. 동전을 던지면 앞 또는 뒤라는 결괏값이 나온다. 강의를 하며 동전 이야기를 하면 꼭 동전이 서는 경우는 어떻게 해야 하냐는 질문을 하는 학생들이 있는데, 개인적으로는 통계를 이론적으로 이해하는 데는 크게 의미 없는 질문이라고 생각한다. 그리고 연속적인 랜덤 변수에서는 그 질문은 더더욱 의미가 없어지게 된다. 우선 여기서는 동전이 서는 경우는 거의 발생하지 않으며, 혹시 발생하더라도 무시하고 다시 던지면 된다는 정도로 넘어가도록 하자.

이론적으로 설명하면, 동전은 앞 또는 뒤라는 결괏값을 만들어 낼 수 있는 도구이다. 하지만 동전을 던지기 전에는 앞이 나올지 뒤가 나올지 알 수 없다. 동전을 던져야만 그 결괏값을 알 수 있다. 그리고 결괏값인 앞과 뒤는 명확하게 분리되어 있다. 그래서 동전은 앞 또는 뒤라는 명확하게 분리된 결괏값을 만들어 내는 도구, 다시 말해 분리된 랜덤 변수이다.

그런데 동전을 던지기 전에는 앞이 나올지 뒤가 나올지 알 수 없다. 앞이 나올 확률과 뒤가 나올 확률만을 알 수 있다. 동전을 던졌을 때, 나오는 결괏값이 앞 또는 뒤밖에 없다고 하면, 동전을 던졌을 때 앞이 나올 확률은 1/2이고, 뒤가 나올 확률도 1/2이다. 동전이 휘어져 있지 않다면 앞이 나올 확률과 뒤가 나올 확률은 동일하기 때문이다. 다시 말해 결괏값은 2개인데, 두 결괏값이 나올 확률이 동일하니, 총확률 1을 2로 나누어서 앞이 나올 확률은 1/2이 되고, 뒤가 나올 확률도 1/2이 되는 것이다. 주사위의 경우에는 나올 수 있는 결괏값은 6개인데, 6개의 결괏값이 나올 확률이 같으니, 주사위를 던졌을 때 1이 나올 확률은 1/6이 된다. 이것이 학생들이 일반적으로 이해하고 있는 통계와 확률이다. 하지만 동전과 주사위와 같이 분리된 랜덤 변수에 기초하고 있는 통계는 자료 분석에서는 거의 쓰이지 않는다. 자료 분석에서 쓰는 정규 분포는 연속적인 랜덤 변수이기 때문이다. 그리고 다시 한 번 강조하면, 분리된 랜덤 변수와 연속적인 랜덤 변수는 전혀 다르다.

연속적인 랜덤 변수: 데이터를 생성 과정을 통해 만들어지는 것이라고 생각하면, 데이터 생성 과정에서 무작위로 만들어지는 부분이 랜덤 변수를 만들어 내는 도구 부분이라고 할 수 있다.

연속적인 랜덤 변수•에도 동전과 주사위와 같이 결괏값을 만들어 내는 도구가 있다. 다만 차이점이 있다면 연속적인 랜덤 변수에서는 동전과 주사위와 같이 구분되는 결괏값을 만들어 내는 것이 아니라 숫자로 되어 있는 모든 값을 만들어 낼 수 있다는 것이다. 예를 들어 설명하면, 연속적인 랜덤 변수에서 결괏값을 만들어 내는 도구는 결괏값으로 1도 만들 수 있고, 1.96도 만들 수 있고, 0.68도 만들어 낼 수 있고, −0.025도 만들어 낼 수 있다. 잘 안 만들어지는 경우가 많지만 10도 −100도 만들어 낼 수 있다. 연속적인 랜덤 변수는 모든 결괏값을 만들어 낼 수 있기에, 결괏값의 개수가 무한히 많다. 따라서 결괏값은 분리된 랜덤 변수와는 달리, 연속적이고 구분되지 않는다.

연속적인 랜덤 변수는 결괏값을 만들어 내는 도구라는 점에서는 동전과 같은 분리된 랜덤 변수와 비슷하지만, 그 외의 성질들은 매우 다르다. 결괏값의 개수가 무한히 많기 때문에 분리된 랜덤 변수와 같이 확률을 계산할 수 없다. 동전은 결괏값이 2개이기 때문에 앞면이 나올 확률이 1/2이 되고, 주사위는 결괏값이 6개이기 때문에 1이 나올 확률이 1/6

이 된다. 하지만 연속적인 랜덤 변수에서는 결괏값이 무한히 많기 때문에 특정 결괏값이 나올 확률을 굳이 구하자면 1/무한대, 다시 말해 0에 가깝게 된다. 그런데 0에 가까운 확률, 그리고 실질적으로는 0인 확률은 구해도 딱히 쓸 곳이 별로 없기 때문에 잘 구하지 않는다. 여기서부터 동전과 같은 분리된 랜덤 변수와 전혀 달라지는 것이다. 따라서 연속적인 랜덤 변수를 동전과 주사위로 배운 확률로 이해하려고 하면, 오히려 방해만 된다.

그렇다고 연속적인 랜덤 변수에서 확률을 구하지 못하는 것은 아니다. 다만 구하는 방법이 전혀 다르다. 예를 들어, 정규 분포에서는 중심축이자 평균인 μ를 기준으로 완벽하게 대칭적인 모양을 하고 있다. 정규 분포에서 평균인 μ가 0이라고 하자. 그러면 정규 분포는 0을 기준으로 완벽한 대칭을 이루게 된다. 그렇다면 이 말은 0보다 큰 값이 나올 확률과 0보다 작은 값이 나올 확률이 완벽하게 같다는 의미가 된다. 그래서 그 부분을 이용해서 확률을 구할 수 있다. 정규 분포에서 평균이 0일 때, 연속적인 랜덤 변수를 통해 결괏값을 만들어 낸다고 생각해 보자. 연속적인 랜덤 변수가 결괏값을 만들어 내기 전에는, 그 결괏값을 미리 알 수는 없다. 하지만 그 확률은 생각해 볼 수 있는데, 0보다 큰 값이 나올 확률은 50%가 된다.

이를 수식으로 표현하면 $Pr(x>0)=0.5$로 표현한다. Pr은 확률을 의미하는 probability의 약자이고 $Pr(x>0)$은 연속적인 랜덤 변수 x가 만들어 낸 결괏값이 0보다 클 확률을 뜻한다. 정규 분포의 평균이 0일 때, 0을 중심으로 완벽한 대칭을 이루고 있으니, 연속적인 랜덤 변수 x가 만들어 낸 결괏값이 0보다 클 확률이 0.5이고, 0보다 작을 확률도 0.5인 것이다. 연속적인 랜덤 변수 x가 0이라는 특정 결괏값을 만들어 낼 수도 있지만, 특정 값인 0이 나올 확률은 1/무한대, 즉 0이기 때문에 그 확률은 고려하지 않아도 된다.

이 부분에서 가장 중요한 것은 연속적인 랜덤 변수에서 확률을 구할 때는 x는 0보다 크다와 같이 구간이 필요하다는 것이다. 수학적으로 이 구간은 $x>0$으로 표현된다. 연속적인 랜덤 변수에서 나올 수 있는 결괏값은 $x>0$인 구간에 나오는 결괏값과 $x<0$인 구간에 나오는 결괏값으로 크게 구분될 수 있다.

$x=0$이라는 결괏값이 하나 있기는 하지만, 구간이 아닌 점 하나이기 때문에 구간이 중요한 연속적인 랜덤 변수에서는 실질적으로 무시해도 큰 문제가 없다. 구간에서 점 하나가 포함되고, 빠지고, 겹치는 것은 구간의 길이에 실질적으로 영향을 미치지 못하기 때문이다. 개인적으로는 0이라는 값을 빼고 구간을 구하는 것을 더 선호하기 때문에 이 책에서는 0이라는 값을 빼는 방식으로 설명하였다.

연속적인 랜덤 변수에서는 구간이 정해지면 확률을 구할 수 있다. 앞에서 예를 들었던 $x>0$이라는 구간이 정해지면, 그림 5에서 보이는 종 모양의 확률 밀도 함수에서 그 확률을 계산할 수 있다. 그림에서 보는 것처럼 x가 0보다 큰 구간의 확률 밀도 함수 아래에 있는 면적이 확률이 된다. 이 면적을 실제로 계산해 보면 0.5가 된다.

그런 방식으로 연속적인 랜덤 변수에서 구간이 정해졌을 때의 확률을 구할 수 있고, 그 확률은 이미 통계학자들이 다 구해 놓았다. 표 1을 보면 통계를 배울 때 한 번쯤은 보았던 표가 있다. 그 표는 구간이 정해졌을 때, 표준 정규 분포라는 연속적인 랜덤 변수와 관련된 분포에서, 확률을 하나하나 다 계

|그림 5| x>0 확률을 구하는 방법

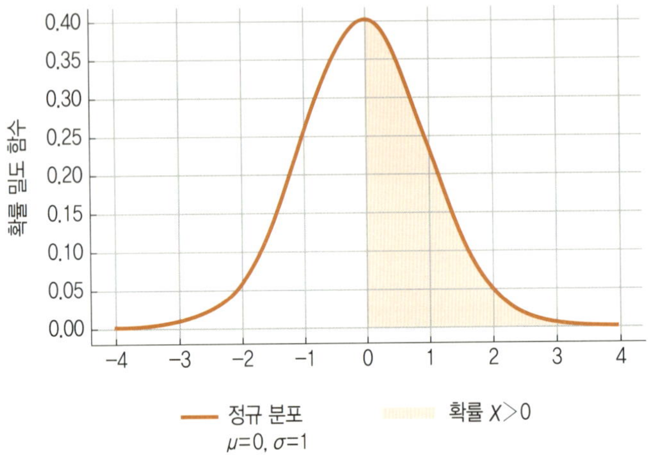

|표 1| 표준 정규 분포에서 계산된 확률

	0.00	0.01	0.02	0.03	0.04	0.05	0.06	0.07	0.08	0.09
0.0	0.500000	0.503989	0.507978	0.511966	0.515953	0.519939	0.523922	0.527903	0.531881	0.535856
0.1	0.539828	0.543795	0.547758	0.551717	0.555670	0.559618	0.563559	0.567495	0.571424	0.575345
0.2	0.579260	0.583166	0.587064	0.590954	0.594835	0.598706	0.602568	0.606420	0.610261	0.614092
0.3	0.617911	0.621720	0.625516	0.629300	0.633072	0.636831	0.640576	0.644309	0.648027	0.651732
0.4	0.655422	0.659097	0.662757	0.666402	0.670031	0.673645	0.677242	0.680822	0.684386	0.687933
0.5	0.691462	0.694974	0.698468	0.701944	0.705401	0.708840	0.712260	0.715661	0.719043	0.722405
0.6	0.725747	0.729069	0.732371	0.735653	0.738914	0.742154	0.745373	0.748571	0.751748	0.754903
0.7	0.758036	0.761148	0.764238	0.767305	0.770350	0.773373	0.776373	0.779350	0.782305	0.785236
0.8	0.788145	0.791030	0.793892	0.796731	0.799546	0.802337	0.805105	0.807850	0.810570	0.813267
0.9	0.815940	0.818589	0.821214	0.823814	0.826391	0.828944	0.831472	0.833977	0.836457	0.838913
1.0	0.841345	0.843752	0.846136	0.848495	0.850830	0.853141	0.855428	0.857690	0.859929	0.862143

산해 놓은 표이다.

연속적인 랜덤 변수의 확률에 대해 어느 정도 이해하였으면, 이제는 확률 밀도 함수에 대해 좀 더 자세하게 설명할 수 있다. 정규 분포라는 연속적인 랜덤 변수에서 확률은 종 모양의 곡선 아래 부분의 면적에 의해 결정된다. 그런데 면적을 구하기 위해서는 종 모양의 곡선의 높이를 알아야 한다. 종 모양의 곡선의 높이를 알 수 있다면, 면적은 미분의 반대 개념인 적분을 통해서 구할 수 있다. 표 1에서 구한 수치들은 면적을 구한 것인데, 종 모양의 곡선의 높이를 적분해서 면적을 구한 것이다.

그런데 종 모양의 곡선은 중심축이자 평균인 μ에서 가장 높고, μ에서 멀어질수록 점점 낮아지는 특징을 보인다. 그리고 평균인 μ에서 가장 높고 μ에서 멀어질수록 점점 낮아지는 종 모양의 곡선의 높이가 바로 확률 밀도이다. 다시 말하면 확률 밀도는 평균인 μ에서 가장 높이가 높고 μ에서 멀어질수록 높이가 낮아지는 특징을 보인다. 사실 그런 점에서 본다면, 확률 밀도라는 말을 쓰는 것보다 확률 높이라는 말을 쓰는 것이 이해를 위해서는 더 좋을 것도 같다.

정리하면, 연속적인 랜덤 변수에서 확률은 면적으로 정해진다. 그런데 면적을 구하기 위해서는 높이와 길이가 필요하다. 그리고 적분을 해 주어야 한다. 복잡한 적분은 접어 두고, 면적을 구하기 위해서는 높이와 길이가 필요하다는 점에만 우선 집중하도록 하자. 길이는 연속적인 랜덤 변수에서 구간의 길이로 정해진다. 연속적인 랜덤 변수에서 확률을 구할 때 구간이 필요한 이유는 면적을 구하는 데는 길이가 필수적이기 때문이다. 면적을 구하는 데 필요한 다른 필수적인 요소는 높이인데, 이 높이가 바로 확률 밀도이다. 따라서 구간이 정해지고, 확률 밀도로 높이가 정해지면, 면적으로 나타나는 확률을 구할 수 있는 것이다.

그런데 정규 분포에서 높이를 담당하는 확률 밀도는 수학적으로 정확하게 그 모양이 알려져 있다. 그 알려져 있는 모양을 확률 밀도 함수라고 부른다. 확률 밀도 함수를 수학적으로 표시하면 다음과 같다.

$$f(x)=\frac{1}{\sqrt{2\pi\sigma^2}}e^{-\frac{1}{2}\frac{(x-\mu)^2}{\sigma^2}}=\frac{1}{\sqrt{2\pi\sigma^2}}e^{-\frac{1}{2}\left(\frac{x-\mu}{\sigma}\right)^2}.$$

그림 4에서 볼 수 있는 정규 분포의 종 모양 그래프에서, 그래프의 높이는 바로 이 함수에 의해서 높이가 정확하게 결정된다. 이 함수를 얼핏 보면 복잡해 보이지만, 차근차근 하나씩 접근하면 평균과 분산이라는 측면에서 접근할 수 있다. 확률 밀도 함수에는 여러 가지 기호가 나오는데, 처음으로 나오는 기호는 π, 원주율이다. 원주율이 나오는 이유는 적분에 필요하기 때문인데, 그 부분은 넘어가도 큰 문제가 없다. 다음으로 나오는 것은 σ^2, 분산이다. 확률 밀도 함수는 σ^2을 사용하여 분산의 개념으로 표현할 수도 있고, 분산에 루트를 적용한 값인 표준편차 σ•를 사용하여 표현할 수도 있다. 개인적으로는 표준편차보다 분산을 사용하는 것을 강의에서 선호하기 때문에 분산을 사용한 표현식을 주로 사용한다. 하지만 표준편차를 사용하는 식도 장점이 있기 때문에, 우선 평균과 분산을 사용하여 확률 밀도 함수에 대해 설명하고, 표준편차를 사용하는 식의 장점에 대해서 이야기하는 순서로 내용을 전개한다.

σ: 그리스 문자로 시그마(sigma)라고 읽는다. 더하기를 뜻하는 시그마(Σ)의 소문자이다.

다시 강조하면 σ^2, 분산은 데이터가 퍼져 있는 정도를 측정하는 지표이다. 그리고 μ는 종 모양 곡선의 중심축이자 평균이다. 그리고 x는 정규 분포에서 연속적인 랜덤 변수를 만들어 내는 도구 또는 결괏값이다. 설명을 간단하게 하기 위해서, 종 모양 곡선의 중심축이자 평균인 μ가 0이라고 하자. 평균을 0이라고 하면 많은 부분에서 편리해지기 때문이다. 평균이 0이 되면 연속적인 랜덤 변수가 만들어 내는 결괏값은 바로 평균편차, 다시 말해 평균과 떨어져 있는 거리가 된다.

확률 밀도 함수에서 우리가 구하고자 하는 것은, 연속적인 랜덤 변수가 만들어 내는 구체적인 결괏값인 x의 확률 밀도 값이다. 구체적인 수치를 보기 위해 x값이 1인 경우의 확률 밀도 함수를 구해 보자. 그리고 계산의 편의를 위해 분산인 σ^2은 1이라고 하자. $\mu=0$, $x=1$, $\sigma^2=1$이라는 값들을 확률 밀도 함수에 넣으면 식은 꽤 간단해진다. 우선 σ^2이 $\sigma^2=1$이기 때문에 사라진다. 처음에 나오는 $\sqrt{(2\pi\sigma^2)}$ 부분에서 σ^2이 사라지고 $\sqrt{(2\pi)}$만 남는다. π가 있다는 점이 좀 불편하기는 하지만, π는 결국 원주율이고 3.14 정도의 숫자이니 계산이 불편하기는 하지만 큰 문제는 없다.

다음으로 나오는 e는 exponential을 뜻하는 데,

exponential은 앞에서 그 의미에 대해 설명을 하였고, e 역시 2.71 정도의 숫자이니 계산이 불편하기는 해도 역시 큰 문제는 없다. 마지막으로 나오는 $(x-\mu)^2$을 σ^2으로 나누는 부분에서 우선 $\sigma^2=1$이기 때문에 σ^2이 사라진다. 또한 $\mu=0$이기 때문에 μ도 사라진다. $x=1$이기 때문에 제곱을 해도 여전히 1이다. 그래서 결국에는 1밖에 남지 않는다. 그리고 1에 $-1/2$을 곱해 주면 결국 $-1/2$만 남는다.

복잡해 보이지만 결국 남는 것은 $1/\sqrt{(2\pi)}$ 곱하기 e의 $-1/2$승뿐이다. $\mu=0$, $x=1$, $\sigma^2=1$을 넣은 뒤에 남는 부분은 수치적으로 계산이 가능하다. 실제로 계산하면 0.24 정도 되는 수치가 나온다. 이해하기 어렵다면, 반복해서 공부하면 되고, 그래도 어렵다면 확률 밀도 함수는 평균값과 분산값만 주어지면, 실제로 그 수치를 구할 수 있다는 것만 이해하고 넘어가도 된다.

정규 분포의 확률 밀도 함수를 보면, 결과적으로 확률 밀도 함수의 값이, 평균인 μ와 분산인 σ^2에 의해 거의 다 정해진다는 것을 알 수 있다. 식을 자세히 보면 평균인 μ는 중심축인데, μ와 결괏값인 x와의 거리가 멀어질수록, 다시 말해 $(x-\mu)$의 값이 커질수록 확률 밀도 함수의 결괏값이 작아지게 된다. 이는 높이가 낮아진다는 것이다. 작아지는 이유는, e의 지수에 $-1/2$이 있기 때문이다. 지수에 $-$가 있다는 것은 역수를 취한다 또는 나눈다는 의미가 된다. 따라서 $-1/2$에 곱해진 $(x-\mu)^2$ 부분에서, $(x-\mu)$의 값이 커질수록, 다시 말해 중심축과의 거리가 멀어질수록, 확률 밀도 함수의 값은 작아지게 된다.

또한 분산인 σ^2도 영향을 미치게 된다. 확률 밀도 함수의 처음 부분을 보면 $\sqrt{(2\pi\sigma^2)}$으로 나누어 주는 부분이 있다. 나누어 주는 부분에, σ^2이 포함되어 있기 때문에 σ^2이 커질수록, 확률 밀도 함수는 작은 값을 가지게 된다. 마지막으로 지수 부분에서 σ^2이 $(x-\mu)^2$을 나누어 주기 때문에 발생하는 영향에 대해서는 확률 밀도 함수를 표준편차인 σ를 사용해서 표현한 식에서 설명할 것이다. 여기서 꼭 기억해야 할 부분이 있다면, 정규 분포는 평균인 μ와 분산인 σ^2에 의해 거의 다 정해진다는 것이다.

확률 밀도 함수를 표준편차인 σ를 사용해서 표현하게 되면, 앞에서 말한 것처럼 장점이 있게 되는데, 그 장점은 바로 가설검정을 설명할 때 다루었던

"표준화"가 된다는 것이다. 앞에서 가설검정에 대해 설명한 내용을 다시 떠올려 보면, 분포를 고려하여 기울기 값을 조정해 주는 것이 데이터를 "표준화"해 주는 과정이라고 하였다. 가설검정에서는 기울기 값이 중요하였기 때문에 기울기 값을 예로 들었다. 하지만 확률 밀도 함수에서는 연속적인 랜덤 변수의 결괏값이 중요하기 때문에 "기울기 값" 대신 "연속적인 랜덤 변수의 결괏값"을 분포를 고려하여 조정해 주는 것이 중요하게 된다.

분포를 고려하여 조정해 주는 방법이 바로 확률 밀도 함수에서는 $(x-\mu)/\sigma$ 부분이다. 말로 설명하면 $(x-\mu)$라는 중심축과의 거리를 데이터의 분포 관련 정보를 담고 있는 σ로 나누어 주는 것이다. $(x-\mu)$로 표현되는 중심축과의 거리가 멀다고 하더라도, 데이터의 분포가 넓게 퍼져 있다면, 넓게 퍼져 있다는 분포 정보를 고려해서 표준화해 주어야 하는 것이다. 반대로 $(x-\mu)$라는 중심축과의 거리가 가깝다고 하더라도, 데이터의 분포가 좁게 뭉쳐져 있다면, 좁게 뭉쳐져 있다는 분포 정보를 고려해서 표준화해 주어야 하는 것이다.

그렇게 정규 분포를 표준화해 주게 되면, 정규

분포는 표준 정규 분포로 변환되게 된다. 표준 정규 분포는 평균인 μ가 0이고, 분산인 $\sigma^2=1$, 그리고 표준편차인 $\sigma=1$인 아주 특별한 분포이다. 표준 정규 분포의 확률 밀도 함수는 다음과 같이 간단해진다.

$$f(x)=\frac{1}{\sqrt{2\pi}}e^{-\frac{1}{2}x^2}.$$

이 표준 정규 분포의 확률 밀도 함수가 바로 가설검정에서 나왔던 중요한 숫자인 1.96과 관련이 있다. 가설검정에서 귀무가설을 기각하기 위해서는 표준화한 값이 1.96보다 크거나, −1.96보다 작아야 하였다. 1.96이라는 숫자는, 표준 정규 분포에서 연속적인 랜덤 변수인 x의 결괏값이 1.96보다 클 확률인 2.5%와 관련되어 있다. 이를 수학적으로 표현하면, $\Pr(x>1.96)=0.025$가 된다. 보다 정확히는 표준 정규 분포의 확률 밀도 함수와 적분을 사용하여 x값이 1.96보다 큰 부분의 면적을 구하면 0.025가 나온다. 그리고 표준 정규 분포는 대칭이기 때문에 연속적인 랜덤 변수인 x의 결괏값이 −1.96보다 작을 확률도 동일하게 2.5%가 된다.

가설검정에서는 1.96보다 클 확률인 2.5%와

−1.96보다 작을 확률인 2.5%를 더한 5%를 활용하여 가설검정을 하는 것이 가장 일반적이다. 그래서 1.96이라는 숫자가 중요해지게 된다. 1.96보다 크거나 −1.96보다 작으면, 귀무가설이 맞을 확률이 5%밖에 되지 않는다고 생각하고 기각해 버리기 때문이다. 귀무가설이 기각되어야 데이터 분석을 신뢰할 수 있다고 평가되기 때문에 1.96이라는 숫자는 중요해지게 된다.

어려운 설명이었을지도 모르겠지만 마지막으로 다음에 나올 최대가능도 추정 방법을 이해하기 위해 꼭 기억하고 있어야 할 부분만을 정리한다면, 확률 밀도 함수는 정규 분포, 또는 표준 정규 분포의 종 모양 곡선의 "높이"라는 것만 기억하면 된다.

최대가능도 추정

최대가능도 추정 방법을 이해하기 위해서는 확률 밀도 함수가 무엇인지를 아는 것이 중요하다. 최대가능도 추정에서 "가능도"는 바로 확률 밀도 함수 여러 개를 곱한 값이다. 하지만 이것만 가지고는 잘 이해가 되지 않기 때문에 그림을 통해 설명하는 것이 필요하다. 그림 6을 보면 5개의 데이터가 있고, 2개 정규 분포의 확률 밀도 함수가 그려져 있다. 데이터를 보고, 이 데이터가 1번 확률 밀도 함수에서 나왔는지, 2번 확률 밀도 함수에서 나왔는지를 알아보고 싶다고 해보자.

"5개의 데이터가 1번 분포에서 나왔을까요? 아니면 2번 분포에서 나왔을까요?"라는 질문을 던지면 학생들은 대부분 1번 분포라고 대답한다. "왜 1번 분포에서 나왔다고 생각하나요?"라는 질문을 이어서 던지면 학생들은 쉽게 대답하지 못한다. 그리

|그림 6| **데이터가 나온 분포 찾기**

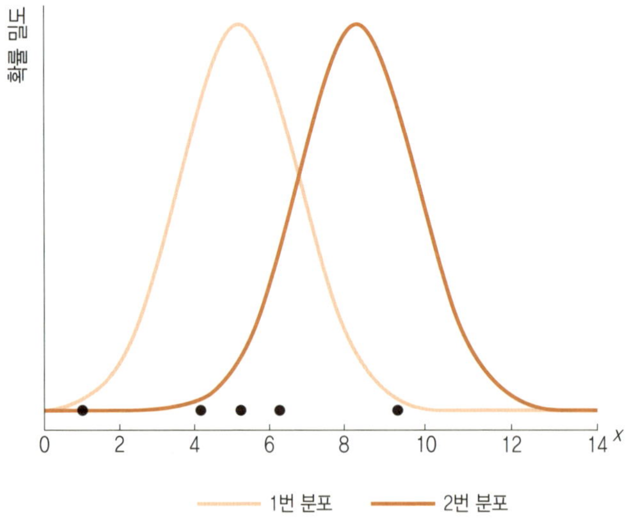

고 그 대답을 체계적으로 그리고 통계학적으로 해 주는 것이 바로 최대가능도 추정 방법이다.

우선 5개의 데이터에 대해 생각해 보자. 이 5개의 데이터는 정규 분포에서 나온 결괏값들이다. 그리고 정규 분포에서는 각 결괏값에 대한 확률 밀도를 알 수 있다. 5개 데이터의 확률 밀도는 그림 7에서 보이는 직선의 높이다. 1번 분포의 중심축에 가까울수록 확률 밀도는 높아지게 된다. 그리고 가능도는 5개 직선의 높이를 다 곱한 값이다. 학생들은 보통 이 부분에서 왜 곱하는지를 물어본다. 그냥 더하면 안되냐고 물어보는 경우가 많다.

곱하는 이유는 나중에 확률 밀도 함수를 다 곱해 준 것으로 표현되는 가능도에 로그•를 취해 주는데, 로그를 취하면 곱하기가 더하기로 변하는 특징이 있기 때문이다. 그리고 사실 확률 밀도 함수에서 계산을 복잡하게 하는 부분이 exponential을 뜻하는 *e* 부분인데, 로그를 취하면 *e*가 사라지기 때문에 더 계산하기 편하게 된다. 정리하면, 더해 주지 않고 곱해 주는 이유는 로그를 취하였을 때 훨씬 더 계산이 편해지기 때문이다. 로그에 대해 잘 모른다면 가능도는 그냥 확률 밀도 함수를 곱해 주는 것으로 정

로그: 로그는 비선형적 모양으로 급격하게 증가하는 exponential을 선형화시켜 주는 함수이다. 급격하게 증가하는 비선형 모양보다는 선형 분석이 더 편리하기 때문에 자주 사용되는 함수이다.

|그림 7| 가능도로 분포를 추정하는 방법

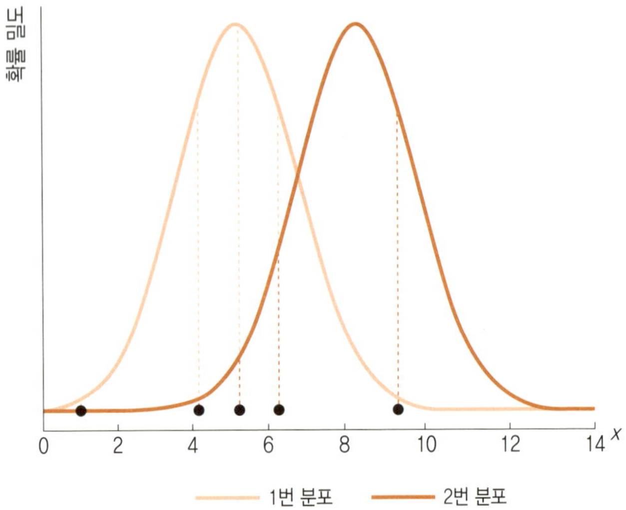

의되어 있다라고 생각하고 넘어가도 된다.

1번 분포에서 5개 데이터의 확률 밀도를 다 곱한 것이 1번 분포의 가능도이다. 그리고 가능도는 2번 분포에서도 구할 수 있다. 2번 분포에서 5개 데이터의 확률 밀도는 그림 7에서 보이는 점선의 높이다. 그리고 2번 분포의 가능도는 5개 점선의 높이를 다 곱한 값이다. 1번 분포의 가능도 크기와 2번 분포 가능도 크기를 비교하면, 1번 분포의 가능도가 2번 분포의 가능도보다 더 클 수밖에 없다. 확률 밀도는 분포의 중심축에 가까워질수록 더 커지게 되는데,

5개 데이터들이 1번 분포의 중심축에 더 가깝게 위치하고 있는 것이 많기 때문이다. 그리고 가능도를 통계학적으로 최대화시켜 주는 분포를 찾는 방법이 바로 최대가능도 추정 방법론이다.

최대가능도 추정 방법론을 알아두어야 하는 이유는 로짓 분석에서 로짓 함수의 목적 함수가 가능도로 표현되어 있고, 가능도를 최대화시키는 방식을 취하고 있기 때문이다. 그런데 로짓 함수의 목적 함수는 매우 복잡하게 표현되어 있고, 가능도라는 개념을 이해하지 못하면 그 목적 함수가 어떤 것을 의미하는지 알기가 매우 어렵다.

따라서 최대가능도 추정 방법론에서 꼭 기억하고 넘어가야 하는 부분은, 우선은 가능도라는 것은 각각의 데이터가 가지고 있는 확률 밀도를 곱한 것이다. 데이터가 그림 7처럼 5개일 때, 5개의 데이터를 x_1, x_2, x_3, x_4, x_5라고 하면 각각의 확률 밀도를 뜻하는 $f(x_1)$, $f(x_2)$, $f(x_3)$, $f(x_4)$, $f(x_5)$를 다 곱한 것이 가능도가 된다. 그런데 각각의 확률 밀도 모양을 구체적으로 알고 있기 때문에 확률 밀도가 5개 곱해진 가능도의 모양도 알 수 있게 된다.

그리고 그 다음 단계로는 확률 밀도 함수를 다 곱

한 가능도에 로그를 취해 준다. 가능도에 로그를 취하면 $f(x_1)*f(x_2)*f(x_3)*f(x_4)*f(x_5)$와 같이 곱하기 형태로 되어 있는 가능도가 로그의 성질에 의해서 더하기 형태로 바뀌게 된다. 로그에는 곱해져 있는 것을 더하기로 나누어 주는 $\ln a*b=\ln a+\ln b$와 같은 성질이 있다. 여기서 ln은 자연로그•를 뜻한다. 이 성질을 활용하면 $\ln f(x_1)*f(x_2)=\ln f(x_1)+\ln f(x_2)$로 활용할 수 있다. 여기서 한 단계 더 나아가면 $\ln f(x_1)+\ln f(x_2)$는 $\sum_{i=1}^{2}\ln f(x_i)$로 표현할 수 있다.

자연로그: 자연로그는 로그 함수를 쓸 때, exponential을 밑으로 하는 로그이다. log *e*로 표현할 수 있는데, 사용하는 경우가 많기 때문에 natural log를 줄여서 ln으로 표현하는 경우가 많다.

이 내용들을 5개 데이터의 확률 밀도를 곱한 가능도에 대해 적용하고 수학적으로 표현하면 다음과 같다.

$$
\begin{aligned}
&\ln f(x_1)*f(x_2)*f(x_3)*f(x_4)*f(x_5)\\
&\quad=\ln f(x_1)+\ln f(x_2)+\ln f(x_3)+\ln f(x_4)+\ln f(x_5)\\
&\quad=\sum_{i=1}^{5}\ln f(x_i).
\end{aligned}
$$

최대가능도 추정법은 위와 같이 정의된 로그 가능도를 최대화시켜 주는 방법이다. 가능도를 최대화시켜 주기 위해서는 선형 분석에서와 같이 편미분을 사용한다. 최대가능도를 찾는 방법을 선형 분석의 예를 들어서 설명하면 보다 이해가 잘 될 수도 있다.

선형 분석에서는 에러가 있었고, 에러는 $y_i-\alpha-\beta x_i$의 모양을 가지고 있었다. 최대가능도 추정법에서는 이 에러가 정규 분포를 따른다고 생각한다. 그리고 에러의 평균이 0이라고 생각하고 분산은 σ^2이라고 생각한다. 에러가 정규 분포를 따른다면 에러의 확률 밀도를 알 수 있다. 에러의 확률 밀도는 "확률 밀도 함수에서 x의 자리"에 $y_i-\alpha-\beta x_i$를 넣고, μ의 자리에 0을, 그리고 σ^2의 자리는 σ^2 그대로 두면 된다. 여기서 꼭 구분해야 할 것은 확률 밀도 함수에서의 x는 연속적인 랜덤 변수를 뜻하는 것이지만, 에러에서의 x_i는 구체적인 데이터 값을 의미하는 것으로, 2개의 의미가 전혀 다르다는 것이다. 에러의 확률 밀도 함수는 수학적으로는 다음과 같다.

$$f(y_1-\alpha-\beta x_1)=\frac{1}{\sqrt{2\pi\sigma^2}}e^{-\frac{1}{2}\frac{(y_i-\alpha-\beta x_i-0)^2}{\sigma^2}}.$$

그리고 데이터가 5개 있는 경우에는 5개의 확률 밀도를 다 곱해서 가능도를 구한다. 수학적으로는 다음과 같다.

$$\prod_{i=1}^{5} f(y_i-\alpha-\beta x_i)=\prod_{i=1}^{5}\frac{1}{\sqrt{2\pi\sigma^2}}e^{-\frac{1}{2}\frac{(y_i-\alpha-\beta x_i-0)^2}{\sigma^2}}.$$

Π: 그리스 문자로 파이(pi)라고 읽는다. 원주율을 뜻하는 파이(π)의 대문자이다. 영어로는 product라고 읽는데, 영어의 product에는 곱한다는 뜻이 있다.

여기서 Π는 곱하기를 뜻한다. Σ가 여러 개를 더하라는 것을 뜻하는 의미인 것과 비슷하게, Π는 여러 개를 곱하라는 것을 의미한다. Π는 로짓 함수의 목적 함수에도 쓰이기 때문에 곱하기를 뜻한다는 것을 알고 넘어가야 한다. 이렇게 표현되는 가능도에 로그를 취하면 곱하기는 더하기로 바뀐다. 그리고 e가 사라지게 된다. 그리고 남아 있는 부분을 α와 β로 편미분해 주고, 연쇄법칙을 사용하면 앞에서 공부하였던 선형 분석과 매우 비슷한 결과가 나오게 된다. 이는 $(y_i-\alpha-\beta x_i-0)^2$이라는 부분이 선형 분석의 목적 함수와 똑같기 때문이다.

하지만 자유도에서는 차이가 나타나는데, 이는 최대가능도 추정 방법에서는 분포를 추정하기 때문에 전체집단을 알고 있는 것과 같아져서, 표본집단에서 나타나는 자유도의 상실이 없기 때문이다. 수학적 내용이 이해하기 힘들다면, 가능도는 확률 밀도를 곱한 것이라는 것을 기억하고, 가능도에 로그를 취한 다음에 선형 분석에서처럼 α와 β로 편미분해 준다는 것만 기억하면 된다. 그 부분을 기억하면 로짓 분석을 이해할 수 있는 기초를 다 설명한 것이다.

로짓 분석

이제 이 책의 목적인 로짓 분석에 대해 이야기해 보도록 하자. 처음 이 책을 쓴 목적은 합격할 확률과 불합격할 확률이 복잡한 형태로 곱해져 있는 비선형 함수인 로짓 분석의 목적 함수가 왜 그런 모양을 가지고 있는지를 학생들에게 최대한 쉽게 설명하기 위해서였다. 물론 지금까지의 내용도 쉽다고 말하기는 어렵지만 그래도 최대한 자세하게 관련된 내용을 설명하기 위해 노력하였다. 그리고 주로 말로 설명하고 있는 이 책이 머신러닝의 기본이 되는 로짓 분석을 수학적으로 설명하는 다른 자료들의 참고 자료로 활용될 수 있다고 생각하기 때문이다.

로짓 분석을 위해 로짓 함수를 다시 한 번 설명하면, 로짓 함수는 결괏값이 0과 1만으로 구성되어 있는 상황에서, 0이 나올 확률과 1이 나올 확률과 관련된 함수이다. 합격과 불합격을 다시 예로 들면 불합격은 결괏값이 0이고, 합격은 결괏값이 1일 때, 공부시간에 따른 합격할 확률과 불합격할 확률을 예측하기 위해 하는 분석이 로짓 분석인 것이다.

로짓 분석에서는 앞에서 설명한 최대가능도 추정법을 사용한다. 다만 다른 점이 있다면 가능도가 각 데이터의 확률 밀도를 곱한 것으로 표현되는 것이 아니라, "각 데이터의 확률을 곱한 것"으로 표현된다는 차이점이 있다. 다시 설명하면, 로짓 분석에서는 5명의 학생이 있을 때, 1번 학생이 합격하였다면 1번 학생이 합격할 확률을 구한다. 그런데 2번 학생이 불합격하였다면 2번 학생이 불합격할 확률을 구한다. 그리고 3번 학생이 불합격하였다면 3번 학생이 불합격할 확률을 구하고, 4번과 5번 학생이 다 합격하였다면 4번 학생이 합격할 확률과 5번 학생이 합격할 확률을 구한다. 그리고 합격한 1번, 4번, 5번 학생이 합격할 확률을 곱하고, 거기에 추가적으로 2번과 3번 학생이 불합격할 확률을 곱해서 가능도를 만들어 낸다.

이해하기 어려울 수 있기 때문에, 예를 들어 다시 설명하는 것이 필요하다. 시험 결과는 합격과 불합격으로만 나뉜다. 그리고 합격하지 못한 학생은 불합격한 학생이 된다. 합격한 학생의 결괏값을 1

이라고 하면 불합격한 학생의 결괏값은 0이다. 1번 학생은 합격하였기 때문에 결괏값은 y_1=1이 된다. 2번 학생은 불합격하였기 때문에 결괏값은 y_2=0이 된다. 그리고 y_1=1과 y_2=0을 확률로 구분하는 것이 로짓 분석의 목적이다.

로짓 분석에서는 1과 0을 구분하기 위해, 또는 합격과 불합격을 구분하기 위해 합격할 확률과 불합격할 확률을 구한다. 1번 학생이 합격할 확률을 $P(1)$이라고 하자. 그러면 2번 학생이 합격할 확률은 $P(2)$가 된다. 그런데 2번 학생은 합격한 것이 아니라 불합격하였다. 그 경우에는 합격한 확률이 아닌 불합격할 확률을 로짓 분석에서는 사용한다. 불합격한 2번 학생이 불합격할 확률은, $1-P(2)$가 된다. 1에서 2번 학생이 합격할 확률을 빼면, 불합격할 확률이 되는 것이다. 그리고 로짓 분석에서는 합격한 1번 학생이 합격할 확률과, 불합격한 2번 학생이 불합격할 확률을 곱해 주고 최대화한다.

합격한 사람에게는 합격할 확률을 구하고, 불합격한 사람에게는 불합격할 확률을 구하는 이유는, 최대화를 하는 과정에서 미분을 사용하기 때문이다. 합격한 사람에게는 합격할 확률을 최대화시켜야 되는데, 여기까지는 큰 문제가 없다. 그런데 불합격한 사람에게 합격할 확률을 최대화하면 문제가 생긴다. 불합격한 사람에게는 합격할 확률을 최소화시켜야 하는 것이다. 그래서 합격한 사람한테 합격할 확률을 구하고, 불합격한 사람한테도 합격할 확률을 구하게 되면 문제가 생긴다. 합격할 확률을 최대화하는 과정에서 불합격한 사람이 합격할 확률도 최대화되기 때문이다.

불합격한 사람이 합격할 확률을 최대화시키면 합격과 불합격을 예측하는 데 문제가 생기게 된다. 그래서 합격한 사람에게는 합격할 확률을 구하고 불합격한 사람에게는 합격할 확률을 최소화시켜야 한다. 다시 말하면, 불합격한 사람에게는 "1-합격할 확률"을 구해야 하고, 이 불합격할 확률을 최대화시켜야 하는 것이다.

로짓 분석은 그래서 복잡하다. 하지만 기억해야 될 부분만 정리해 보자. 로짓 분석에서는 "합격할 확률"을 정하는 것을 통해, 합격한 사람이 합격할 확률을 최대한 높이고, 불합격한 사람이 합격할 확률을 최대한 낮춘다. 이것은 합격할 사람이 합격할 확률을 최대한 높이는 것과, 불합격한 사람이 불합격할 확률을 최대한 높이는 것과 동일하다. 그래도 이해하기 어렵다면, 로짓 분석의 목적 함수는, 합격할 확률과 불합격한 확률이 곱해져 있는 형태라는 것을 기억하면 된다.

앞에서 예를 든 5명의 학생이 합격 또는 불합격한 경우에, 로짓 분석의 목적 함수인 가능도를 표현하면 다음과 같다.

$$P(1)(1-P(2))(1-P(3))P(4)P(5).$$

이 가능도에서는 1번, 4번, 5번 학생이 합격할 확률과, 2번, 3번 학생이 불합격할 확률이 곱해져 있다. 그리고 이 목적 함수를 수학적으로 일반화시키면 다음과 같은 복잡한 식이 나온다.

$$\prod_{i=1}^{5} P(i)^{y_i}(1-P(i))^{1-y_i}.$$

그리고 이 식을 쉽게 설명하는 설명 자료나 강의 자료를 찾아보았는데, 아무리 찾아보아도 없었던 것이 이 책을 쓴 이유이다. 위의 일반화된 복잡한 식은 사실 더 위에 있는 5명의 학생이 합격 또는 불합격한 경우의 가능도를 표현한 식이다.

우선 합격한 1번 학생의 경우부터 생각해 보자. 1번 학생은 합격을 하였고, 따라서 결괏값인 y_1은 1이다. $y_1=1$이 되면 $1-y_1=0$이 된다. 그러면 일반화된 식에서 $y_1=1$일 때, 1번 학생이 합격할 확률은 $P(1)$이 된다. 그리고 $P(i)^{y_i}(1-P(i))^{1-y_i}$는 1번 학생의 경우에 $P(1)^1(1-P(1))^{1-1}$이 된다. 그런데 $P(1)^1$은 "$P(1)$"이고, $(1-P(1))^{1-1}=(1-P(1))^0$은 "1"이다. $(1-P(1))^0=1$인 이유는 모든 수의 0승은 1이기 때문이다. 따라서 최종 계산 값은 "$P(1)$" 곱하기 "1"이 되고 결국에는 $P(1)$만 남는다. 이 복잡한 식은 y값이 1 또는 0이라는 점을 이용하여, 합격한 사람에게는 합격한 확률만 남겨 두는 역할을 한다.

불합격한 2번 학생의 경우에도 마찬가지이다. 2번 학생의 경우에는 결괏값인 y_2는 0이다. $y_2=0$이 되면 $1-y_2=1$이 된다. 그러면 일반화된 식에서 $y_2=0$일 때 2번 학생이 합격할 확률은 $P(2)$가 되고, 불합격할 확률은 $1-P(2)$가 된다. 그리고 $P(i)^{y_i}(1-P(i))^{1-y_i}$는 2번 학생의 경우에 $P(2)^0(1-P(2))^{1-0}$이 된다. 그런데 $P(2)^0$은 "1"이고, $(1-P(2))^{1-0}=(1-P(2))^1$은 "$1-P(2)$"이기 때문에 "1" 곱하기 "$1-P(2)$"가 되고 결국에는

$1-P(2)$만 남는다. 로짓 분석의 복잡한 식은 y값이 1 또는 0이라는 점을 이용하여, 불합격한 사람에게 불합격한 확률만 남겨 두는 역할도 동시에 한다. 그래서 복잡한 것이다.

사실 로짓 분석의 목적 함수를 다르게 쓰는 방법도 있는데, 위와 같이 복잡한 형태로 쓰는 이유는 위와 같은 복잡한 형태의 식을 정리하고 미분하면 매우 깔끔한 결과가 나오기 때문이다.

로짓 분석의 목적 함수를 미분하기 위해서는, 로짓 함수의 모양과 odd ratio라고 하는 개념에 대해서 설명해야 한다. odd ratio는 발생할 확률의 비율 정도로 생각할 수 있다. 그리고 도박에서의 배당률을 생각하면 가장 이해하기 쉽다. 우선 로짓 함수의 모양을 알아야 한다. 로짓 함수의 함숫값은 항상 0과 1 사이에 있어야 하기 때문에 로짓 함수 또는 로지스틱 함수는 다음과 같이 표현된다. 참고로 logit은 logistic의 약자이다.

$$logistic(t)=\frac{e^t}{1+e^t}.$$

이 식을 살펴보면, t값이 무한대로 갈 경우에는,

e의 t승의 값이 무한대로 커지게 되고, 무한대/(1+무한대)의 값은 1에 가까운 값을 가지게 된다. 반대로 t값이 −무한대로 갈 경우에는, e의 $-t$승의 값이 e의 t승의 역수인 1/무한대가 되고, 따라서 e의 $-t$승의 값은 0에 가까운 값을 가지게 된다. 그래서 0/(1+0)의 값은 0에 가까운 값을 가지게 된다. 결과적으로 로지스틱 함수는 0에서 1 사이의 값만을 가지게 된다.

로짓 분석은 로지스틱 함수에 대한 추정을 필요로 한다. 그런데 추정은 선형으로 하는 것이 가장 편리하기 때문에 t를 선형화시켜 주면 편리하다. 수학적으로 표현하면 $t_i=\alpha+\beta x_i$로 선형화시켜 줄 수 있다. 예를 들어, 시험을 친 5명의 학생 중 1번 학생의 t값은 $t_1=\alpha+\beta x_1$이 되고 x_1은 1번 학생이 공부한 시간이 된다. 그러면 로지스틱 함수를 다음과 같이 써줄 수도 있다.

$$logistic(i)=\frac{e^{\alpha+\beta x_i}}{1+e^{\alpha+\beta x_i}}=P(i).$$

이 식은 로지스틱 함수를 각 학생이 공부한 시간인 x_i에 따라 개별화시켜 준 것이다. 그런데 로지스틱 함수의 값은 항상 0에서 1 사이에 있기 때문에, 개별화된 로지스틱 함숫값을 i번째 학생이 x_i만큼의 시간을 공부하였을 때 합격할 확률로 해석할 수 있게 된다. 그리고 로지스틱 함수를 변형시키면 발생할 확률의 비율인 odd ratio를 구할 수 있다. 그렇게 되면 합격할 확률을 보다 쉽게 선형화하여 추정할 수 있다.

로지스틱 함수를 odd ratio로 변형시키는 과정은 다음과 같다.

$$e^{\alpha+\beta x_i}=P(i)(1+e^{\alpha+\beta x_i}),$$
$$e^{\alpha+\beta x_i}-P(i)e^{\alpha+\beta x_i}=P(i),$$
$$e^{\alpha+\beta x_i}=\frac{P(i)}{(1-P(i))}.$$

이 변형 과정은 비교적 간단한데, 마지막을 보면 합격할 확률인 $P(i)$와 불합격할 확률인 $1-P(i)$의 비율이 e의 $\alpha+\beta x_i$승으로 선형화되어 있다. 여기서 합격할 확률과 불합격할 확률의 비율이 바로 odd ratio가 된다. 합격할 확률을 도박에서 이길 확률로 생각하고, 불합격할 확률을 도박에서 질 확률로 생각하면, 이길 확률과 질 확률의 비율은 도박에서의 배당률과 관련이 높게 된다. 이길 확률이 높은 곳에 걸면 배당률이 낮아지고, 이길 확률이 낮은 곳에 걸면 배당률이 높다. 따라서 이길 확률과 질 확률의 비율은 배당률과 역의 관계를 가지게 되는데, 이것이 바로 발생할 확률의 비율인 odd ratio가 된다.

Odd ratio까지 구하였으면 마지막으로 로짓 분석의 목적 함수를 미분을 하기 위해 최종적으로 정리할 수 있다. 로짓 함수의 목적 함수를 정리하는 과정은 다음과 같다.

$$\prod_{i=1}^{5} P(i)^{y_i}(1-P(i))^{1-y_i},$$

$$\prod_{i=1}^{5} P(i)^{y_i}(1-P(i))^{1}(1-P(i))^{-y_i},$$

$$\prod_{i=1}^{5} \frac{P(i)^{y_i}}{(1-P(i))^{y_i}}(1-P(i))^{1},$$

$$\prod_{i=1}^{5} \left(\frac{P(i)}{1-P(i)}\right)^{y_i}(1-P(i)).$$

앞에서 odd ratio를 구할 때, $e^{\alpha+\beta x_i}=\frac{P(i)}{(1-P(i))}$로 구해 두었기 때문에 $\frac{P(i)}{(1-P(i))}$의 자리에 $e^{\alpha+\beta x_i}$을 넣으면 된다. 그리고 $1-P(i)$는 $P(i)$의 정의로부터 다음과 같이 구할 수 있다.

$$P(i)=\frac{e^{\alpha+\beta x_i}}{1+e^{\alpha+\beta x_i}},$$

$$1-P(i)=1-\frac{e^{\alpha+\beta x_i}}{1+e^{\alpha+\beta x_i}}=\frac{1+e^{\alpha+\beta x_i}}{1+e^{\alpha+\beta x_i}}-\frac{e^{\alpha+\beta x_i}}{1+e^{\alpha+\beta x_i}}=\frac{1}{1+e^{\alpha+\beta x_i}}.$$

따라서 $1-P(i)$의 자리에 $\frac{1}{1+e^{\alpha+\beta x_i}}$을 넣으면 로짓 분석의 목적 함수의 변형이 완성된다. 그리고 완성된 결과는 다음과 같다.

$$\prod_{i=1}^{5}\left(\frac{P(i)}{1-P(i)}\right)^{y_i}(1-P(i))=\prod_{i=1}^{5}\left(e^{\alpha+\beta x_i}\right)^{y_i}\frac{1}{1+e^{\alpha+\beta x_i}}.$$

이 변형된 목적 함수에 로그를 취하고 α와 β로 편미분해 주면 깔끔한 결과가 나온다. 그리고 그 식을 풀어 주면 로짓 분석이 된다.

그런데 문제는 로짓 분석의 경우에는 선형 분석과 같은 방법으로 α와 β값을 계산할 수 없다. 로짓 분석에서는 수학적으로 정해져 있는 답이 있는 것이 아니라, 컴퓨터로 수치를 넣어서 계산해 보고, 새로 얻은 수치를 다시 넣어서 또 계산해 보는 과정을 계속 반복해야 한다. 이를 통계학에서는 반복•이라고 한다. 그리고 반복작업을 통해 최적의 수치를 구하는 방법을 수치적 방법•이라고 부른다. 설

반복: 파이썬에서는 반복(iteration)을 위해 루프(loop)문을 사용한다. 루프문을 잘 사용하면 반복작업을 쉽게 처리할 수 있다.

수치적 방법: 수치적 방법의 예로는 직접 2개의 그래프를 그리고, 교차점의 위치를 구하는 방법을 들 수 있다. 교차점의 위치를 수치적으로 반복해서 계속 정확도를 높여서 구하는 것이다. 그러한 방법을 통해 정확한 값은 아니더라도, 매우 유사한 값을 수치적으로 구해 낼 수 있다.

명하면 수치적 계산법 또는 숫자를 계속 반복해서 넣어 보면서 답을 구하는 과정 정도가 될 것이다. 이 작업은 파이썬을 통해 수행할 수 있다.

3

머신러닝

로짓 분석은 머신러닝의 기본적 방법이다. 머신러닝에서는 데이터를 학습 데이터와 테스트 데이터• 로 나눈다. 머신러닝에서는 0과 1을 구분하는 문제를 해결하기 위해, 우선 학습 데이터에서 로짓 분석을 통해 α와 β값을 추정한다. 그리고 추정된 α와 β값을 사용하여, 테스트 데이터를 분류한다. 그리고 테스트 데이터에서 분류된 결과가 실제 분류 결과와 충분히 비슷하게 되면, 머신러닝이 끝난 것이다. 그리고 머신러닝 결과를 새로운 데이터를 예측하는 데 사용한다.

테스트 데이터: 학습 데이터와 테스트 데이터는 보통 학습 데이터 7, 테스트 데이터 3 정도의 비율로 나눈다. 이 비율은 꼭 7:3이 아니어도 되고, 파이썬 코드에서 변경해 줄 수도 있다.

로짓 분석은 수치적 계산법을 사용하기 때문에 파이썬으로 작업을 수행하는 것이 좋다. 그리고 파이썬에는 머신러닝을 위한 도구모음•인 sklearn이라는 라이브러리가 잘 개발되어 있다. sklearn 라이브러리에서는 머신러닝을 공부하기 위한 붓꽃• 분류 데이터를 제공하는데 많이 사용된다. 기초 머신러닝을 수행하는 파이썬 코드는 다음과 같다.

도구모음: 파이썬에서는 library라고 부르는데, 의미와 역할을 알기 쉽게 하기 위해서, 이 책에서는 도구모음으로 번역한다.

붓꽃: 영어로 iris인데, iris 데이터는 머신러닝을 처음 공부할 때, 매우 많이 사용하는 데이터이기 때문에 많은 책에서 iris 데이터를 사용하는 것을 볼 수 있다.

```
import numpy as np
import matplotlib.pyplot as plt
from sklearn import datasets
```

```
from sklearn.linear_model import LogisticRegression
from sklearn.model_selection import train_test_split
from sklearn.preprocessing import StandardScaler

# Load iris dataset
iris = datasets.load_iris()
X = iris.data[:100, [2, 3]] # we only take the first two features and 100 samples.
y = iris.target[:100]

# Split the dataset into training and testing sets
X_train, X_test, y_train, y_test = train_test_split(X, y, test_size=0.3, random_state=1, stratify=y)

# Standardize the features
sc = StandardScaler()
X_train_std = sc.fit_transform(X_train)
X_test_std = sc.transform(X_test)

# Create a logistic regression object and fit the data
lr = LogisticRegression(C=100.0, random_state=1)
lr.fit(X_train_std, y_train)
```

이 부분까지가 파이썬으로 머신러닝을 기초적으로 실행하는 첫 부분이다. 여기까지 실행하고 다음과 같은 명령어를 입력하면, 로짓 분석의 α와 β

값을 얻을 수 있다.

```
print("Coefficients: ", lr.coef_)
print("Intercept: ", lr.intercept_)
```

얻어진 결괏값은 다음과 같다.

```
Coefficients: [[4.72473246 4.34997845]]
Intercept: [1.19494245]
```

이 결괏값에서 Intercept가 α값을 말하고, Coefficients가 β값을 말한다. 단, 이 로짓 분석에서는 이 책에서 설명한 $\alpha+\beta x_i$라는 기본 로짓 분석을 실시하지 않고, 변수가 하나 더 있는 $\alpha+\beta_1 x_{1i}+\beta_2 x_{2i}$라는 분석 모형을 사용하였기 때문에 β값을 2개 제시하고 있다.

학습 데이터에 대한 분류 결과는 그림으로도 볼 수 있는데 그림으로 보여 주는 파이썬 코드는 다음과 같다.

```
# Create a meshgrid for the plot
x_min, x_max = X_train_std[:, 0].min() - 1, X_train_std[:, 0].max() + 1
```

```
y_min, y_max = X_train_std[:, 1].min() - 1, X_train_std[:, 1].max() + 1
xx, yy = np.meshgrid(np.arange(x_min, x_max, 0.01),
                     np.arange(y_min, y_max, 0.01))
Z = lr.predict(np.c_[xx.ravel(), yy.ravel()])
Z = Z.reshape(xx.shape)

# Plot the training data and the decision boundary
plt.contourf(xx, yy, Z, alpha=0.3)
plt.scatter(X_train_std[y_train==0, 0], X_train_std[y_train==0, 1],
label='클래스 0')
plt.scatter(X_train_std[y_train==1, 0], X_train_std[y_train==1, 1],
label='클래스 1')

plt.xlabel('특성 1')
plt.ylabel('특성 2')
plt.legend()
plt.show()
```

다중분류 로짓 분석: 영어로 multinomial logit으로 표현되는데, 여러 개의 선택지 중에 하나는 선택한다는 의미이다. 보다 구체적으로는 A, B, C의 선택지가 있을 때, C가 발생할 확률과 A가 발생할 확률을 비교하고, C가 발생할 확률과 A가 발생할 확률을 비교한다. C가 발생할 확률은 1에서 A일 확률과 B일 확률을 빼면 구할 수 있

머신러닝으로 로지스틱 분석을 통해 학습한 결과를 그림으로 보면 그림 8과 같다.

|그림 8| 붓꽃 데이터 0과 1 분류 결과

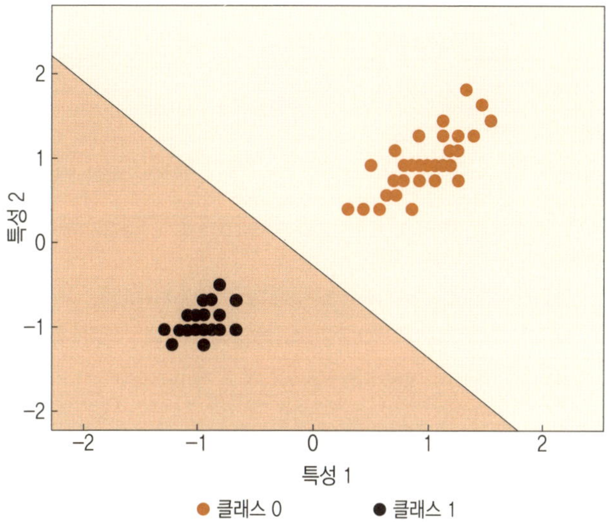

그리고 sklearn 라이브러리에서 제공하는 붓꽃 데이터는 다중분류 로짓 분석•에 기반한 예시도 제공하고 있는데, 파이썬 코드와 결과는 다음과 같다.

게 된다. 그리고 기준이 되는 C를 피벗(pivot)이라고 부른다. 파이썬 코드에서는 다른 변형된 방식을 사용하기도 한다.

```
from sklearn import datasets
from sklearn.linear_model import LogisticRegression
from sklearn.model_selection import train_test_split
from sklearn.preprocessing import StandardScaler
from sklearn.metrics import classification_report
import numpy as np
```

```
import matplotlib.pyplot as plt
from matplotlib.colors import ListedColormap

# Load iris dataset
iris = datasets.load_iris()
X = iris.data[:, [0, 1]] # We only take the first two features.
y = iris.target

# Split the dataset into training and testing sets
X_train, X_test, y_train, y_test = train_test_split(X, y, test_
size=0.3, random_state=1, stratify=y)

# Standardize the features
sc = StandardScaler()
X_train_std = sc.fit_transform(X_train)
X_test_std = sc.transform(X_test)

# Create a logistic regression object and fit the data
lr = LogisticRegression(C=100.0, random_state=1, multi_class='ovr')
lr.fit(X_train_std, y_train)

# Print the coefficients
print('Intercept: \n', lr.intercept_)
print('Coefficients: \n', lr.coef_)

# Print the accuracy
print('Training accuracy: ', lr.score(X_train_std, y_train))
print('Test accuracy: ', lr.score(X_test_std, y_test))
```

```
# Print the classification report
y_pred = lr.predict(X_test_std)
print(classification_report(y_test, y_pred))

# Plotting decision regions for the first two features
x_min, x_max = X_train_std[:, 0].min() - 1, X_train_std[:, 0].max() + 1
y_min, y_max = X_train_std[:, 1].min() - 1, X_train_std[:, 1].max() + 1
xx, yy = np.meshgrid(np.arange(x_min, x_max, 0.01),
                     np.arange(y_min, y_max, 0.01))

Z = lr.predict(np.c_[xx.ravel(), yy.ravel()])
Z = Z.reshape(xx.shape)

colors = ('red', 'blue', 'lightgreen', 'gray', 'cyan')
cmap = ListedColormap(colors[:len(np.unique(y_test))])

plt.contourf(xx, yy, Z, alpha=0.3, cmap=cmap)
plt.xlim(xx.min(), xx.max())
plt.ylim(yy.min(), yy.max())

for idx, cl in enumerate(np.unique(y_train)):
    plt.scatter(x=X_train_std[y_train == cl, 0],
                y=X_train_std[y_train == cl, 1],
                alpha=0.8,
                c=colors[idx],
                marker='o',
                label=cl,
                edgecolor='black')
```

```
plt.xlabel('꽃받침 길이 [표준화]')
plt.ylabel('꽃받침 너비 [표준화]')
plt.legend(loc='upper left')

plt.show()
Intercept:
 [-6.91073845 -0.96300887 -1.53594066]
Coefficients:
 [[-11.13016027  5.17477848]
 [ -0.09909817 -1.42826294]
 [ 3.06013453 -0.4267337 ]]
Training accuracy: 0.8571428571428571
Test accuracy: 0.7555555555555555
              precision    recall  f1-score   support

           0       1.00      1.00      1.00        15
           1       0.67      0.53      0.59        15
           2       0.61      0.73      0.67        15

    accuracy                           0.76        45
   macro avg       0.76      0.76      0.75        45
weighted avg       0.76      0.76      0.75        45
```

이 파이썬 코드에서는

Training accuracy: 0.8571428571428571,

Test accuracy: 0.7555555555555555

라는 값도 제시하고 있는데, 이는 학습 데이터에서 분

류의 정확도가 약 85% 정도이고, 테스트 데이터에서 분류의 정확도가 약 75% 정도라는 것을 의미한다.

|그림 9| **붓꽃 데이터 다중분류 결과**

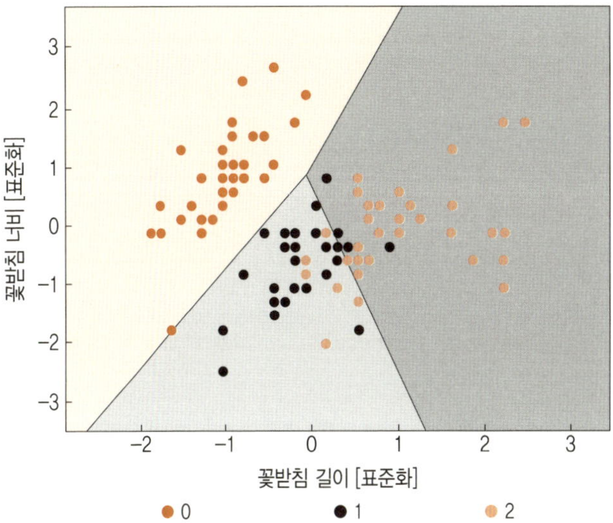

4

한국 경제 분석

머신러닝으로 한국 경제를 분석하는 것과 관련된 예제로는 여성들의 결혼 여부를 로짓 분석과 머신러닝을 통해 분석하는 것을 생각해 볼 수 있다. 한국 경제는 경제발전을 이룩하면서 혼인율이 감소하고, 출산율이 감소하는 문제를 심각하게 겪고 있다. 한국 경제의 발전과 더불어 여성의 교육도 증가하였고, 여성이 교육을 더 많이 받게 되면서, 혼인율이 감소하는 추세가 한국의 경제발전 단계에서 관찰되었다.

여성의 혼인 여부는 기본적으로는 기혼과 미혼으로 나누어지는 결괏값이 0과 1인 변수로 생각할 수 있다. 물론 현실에서는 기혼과 미혼 말고도, 이혼과 별거 그리고 사별이라는 상황도 존재하지만, 이 책에서는 단순한 분석을 위해 이혼과 별거 그리고 사별에 해당하는 상황은 제외하고 분석하는 예시를 제공한다.

여성의 혼인율은 일반적으로 여성의 교육 정도와 역의 관계에 있는 것으로 알려져 있다. 한국 경제가 발전하면서, 교육의 기회는 확대되었고, 이는 여성 교육의 확대로 이어졌다. 특히 경제발전이 낮았던 단계에서는 남성과 여성의 교육 기회의 차이가 컸지만, 경제발전이 어느 정도 이루어지고 난 이후에는 여성의 교육 기회는 남성과 큰 차이가 없게 되었다. 그리고 이는 시차를 두고 여성의 혼인율에 영향을 미치게 되었다.

이 책에서는 여성의 혼인 여부와 교육 수준의 관계를 로짓 분석과 머신러닝에 기반하여 간단하게 분석하는 파이썬 코드를 제공한다. 여성의 혼인 여부 및 교육 수준과 관련된 데이터는 한국여성정책연구원(https://gsis.kwdi.re.kr)의 여성가족패널데이터 서비스에서 다운로드 받았다. 3차 조사의 응답자 혼인 상태를 로짓 분석의 결괏값으로 사용하였고, 응답자 교육연수를 설명변수로 사용하였다. 이 데이터는 api 서비스를 제공하지 않아, 연구자의 컴퓨터의 바탕화면에 logit.csv로 저장한 후, 파이썬으로 읽어 들여 분석하였다. 분석에 사용한 파이썬 코드는 다음과 같다.

```
import numpy as np
import matplotlib.pyplot as plt
from sklearn import datasets
from sklearn.linear_model import LogisticRegression
from sklearn.model_selection import train_test_split
```

```
from sklearn.preprocessing import StandardScaler
import pandas as pd

# Read the CSV file into a pandas DataFrame
df = pd.read_csv(r'C:\Users\UOU\Desktop\logit.csv')

# Filter rows where P99ML01 is 1 or 2 AND PP99ED15 is larger
than -1
df_filtered = df[(df['P99ML01'].isin([1, 2])) & (df['PP99ED15']
> -1)]
print(df_filtered)

# Replace values in the P99ML01 column
df_filtered['P99ML01'] = df_filtered['P99ML01'].replace({1: 1,
2: 0})
print(df_filtered)

# Display the first few rows to confirm the changes
df_filtered.head()

# Define independent variable X and dependent variable y
X = df_filtered[['PP99ED15']]
y = df_filtered['P99ML01']

# Split the data into training and testing sets (70% train,
30% test)
X_train, X_test, y_train, y_test = train_test_split(X, y,
test_size=0.3, random_state=42)
```

```
# Standardize the features
sc = StandardScaler()
X_train_std = sc.fit_transform(X_train)
X_test_std = sc.transform(X_test)

# Create a logistic regression object and fit the data
lr = LogisticRegression(C=100.0, random_state=1)
lr.fit(X_train_std, y_train)

print("Coefficients: ", lr.coef_)
print("Intercept: ", lr.intercept_)

print("Training accuracy: ", lr.score(X_train_std, y_train))
print("Test accuracy: ", lr.score(X_test_std, y_test))
```

파이썬 코드를 실행한 결과는 다음과 같다.

	WAVE	OPID	P99ML01	PP99ED15
0	3	100002	2	16
1	3	1002	2	16
2	3	100202	2	16
3	3	100402	2	16
4	3	100602	2	16
...	...	...	...	...
8371	3	99102	1	16
8372	3	99402	2	16

```
8373    3     99502    2    16
8374    3     99702    2    14
8375    3     99802    2    16

[7520 rows x 4 columns]
      WAVE    OPID  P99ML01  PP99ED15
0        3  100002        0        16
1        3    1002        0        16
2        3  100202        0        16
3        3  100402        0        16
4        3  100602        0        16
...    ...     ...      ...       ...
8371     3   99102        1        16
8372     3   99402        0        16
8373     3   99502        0        16
8374     3   99702        0        14
8375     3   99802        0        16

[7520 rows x 4 columns]
Coefficients: [[1.41083611]]
Intercept: [-2.26975239]
Training accuracy: 0.8428951367781155
Test accuracy: 0.851063829787234
```

실행 결과를 보면 P99ML01은 여성의 혼인 여부를 PP99ED15는 여성의 교육연수를 나타내는 변수이다. 그런데 이 분석에서는 교육 수준이 높아질수록 여성이 혼인을 적게 할 것이라고 예상하기 때문에, 여성이 혼인하지 않는 것을 결괏값 1로 하고, 여성이 혼인하는 것을 결괏값 0으로 변경하였다. 따라서 실행한 결과의 첫 번째 표와 두 번째 표의 데이터 출력 값을 보면 P99ML01의 값이 2(기혼)와 1(미혼)로 원래는 되어 있는데, 데이터를 변환하여 0(기혼)과 1(미혼)로 변경되었음을 볼 수 있다. 총 7520개의 데이터가 사용되었다. 학습 데이터에서의 α값은 −2.26, β값은 1.41 정도로 측정되었고, 학습 데이터의 예측 정확도는 84%, 테스트 데이터의 예측 정확도는 85% 정도로 측정되었다.

한국 여성들의 결혼 여부와 교육 수준을 분석한 로짓 분석과 머신러닝 결과는 그림으로 보는 것이 보다 이해가 빠른데, 파이썬으로 그림을 그리는 코드는 다음과 같다.

```
# Generate a range of values for PP99ED15
x_values = np.linspace(X['PP99ED15'].min(), X['PP99ED15'].max(), 300).
reshape(-1, 1)

# Standardize these values and predict probabilities
x_values_std = sc.transform(x_values)
```

```
y_values_prob = lr.predict_proba(x_values_std)[:, 1] # Probability
of being not married

# Plot
plt.figure(figsize=(10, 6))
plt.scatter(X_train['PP99ED15'], y_train, color='blue', label='학습
데이터', alpha=0.5)
plt.scatter(X_test['PP99ED15'], y_test, color='green', label='테스트
데이터', alpha=0.5)
plt.plot(x_values, y_values_prob, color='red', label='로짓 분석 곡선')
plt.xlabel('교육기간')
plt.ylabel('미혼일 확률')
plt.title('로짓 분석 분류')
plt.legend()
plt.grid(True)
plt.show()
```

그림 10을 보면 로짓 분석과 간단한 머신러닝을 통해 여성의 교육 수준이 증가할수록 혼인을 하지 않는 확률이 증가하고 있음을 알 수 있다.

|그림 10| 여성의 교육 정도와 혼인 여부

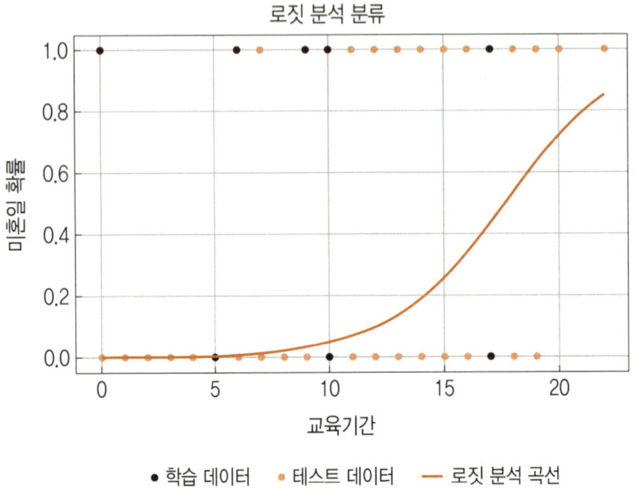

나가며

프로그래머들의 밈(meme)을 보면 머신러닝을 하고 싶은데, 통계학이 방해하는 내용의 밈을 많이 볼 수 있다. 이 책을 읽고 머신러닝과 관련된 통계학을 보다 잘 이해할 수 있으면 좋겠지만, 머신러닝과 관련된 통계학을 잘 이해하기 위해서는 더 많은 자료들을 찾아보고, 공부하고, 또 파이썬 코드를 실습해 보는 과정이 필요할 것이다.

제3장과 제4장에서 제시한 파이썬 코드에 대한 설명은 자세하게 하지 않았다. 챗GPT와 같은 생성형 인공지능은 매우 빨리 발전하고 있어, 코드에 대한 설명을 자세하게 해 주고, 오류를 수정해 주고, 추가적인 작업을 요청하면 수정해 주기 때문이다. 실제로 이 책에 나와 있는 통계 관련 그림들은 챗GPT4를 활용하여, 말로 내가 원하는 그림을 설명하였더니 챗GPT가 그려준 것이다. 이 책을 처음 쓰기 시작하였을 때는 코드 인터프리터라는 이름

을 사용하였고, 이후에는 고급 데이터 분석으로 이름을 바꾸었다. 그리고 이 책을 마무리하는 시점에서는 챗GPT4에서 설정 없이 기능을 통합하여 제공하고 있다.

챗GPT4를 활용하면, 데이터를 시뮬레이션도 해 주고, 파이썬 코드도 작성해 주고, 내가 원하는 작업에 대한 구체적인 내용을 확인하기 위해 챗GPT가 나에게 역으로 질문을 던지기도 한다. 그리고 파이썬 코드를 직접 실행해서 결과물인 그래프도 보여 주고, 스스로 코드를 돌려보고 코딩 오류가 발생하면, 오류가 난 부분을 바로 수정해서 수정된 결과물을 보여 주고 있다. 그리고 이러한 기능들은 아마도 앞으로 더 발전할 것이다.

머신러닝과 같은 인공지능과 관련된 분야는 앞으로 더 빠르게 확장될 것이다. 챗GPT가 짜준 코드를 파이썬에서 실행하고, 오류가 나면 그 오류 메시지를 챗GPT에게 다시 물어보아 오류를 수정할 수 있다는 것만으로도 놀라워하였던 것이 불과 몇 개월 전인데, 이제는 그 오류 수정 과정조차 챗GPT4가 자동으로 해 주고 있다.

코딩은 점점 더 쉬워지고 편리해지고 있지만,

그래도 인공지능의 작동방식을 이해하기 위한 통계학은 여전히 어렵다. 인간이 배우는 것이기에, 반복학습이 필요하고, 쉽게 설명하는 것이 필요해 보인다. 이 책이 머신러닝과 관련된 통계학을 인간이 조금이나마 더 쉽게 이해할 수 있는 하나의 설명 자료가 되기를 희망해 본다.

참고문헌 및 주석

안상준·유원준(2022), 『딥러닝을 이용한 자연어 처리 입문』 (https://wikidocs.net/book/2155).

머신러닝을 공부하기 위한 이론적 배경에 대해 잘 설명하고 있으며, 다양한 실습 자료와 파이썬 코드 예제를 제공해 준다. 파이썬의 sklearn 라이브러리를 활용하는 방법에 대해서 잘 설명하고 있으며, 이 책을 공부하고 나서 학습하면 좋은 책이라고 생각된다.

Coop, G.(2005), *Analysis of Economic Data*, 2nd ed., Wiley.

저자가 2008년 처음으로 계량경제학을 강의하였을 때 교과서로 선택한 책이다. 박사 과정 지도교수였던 Lung-Fei Lee 교수께 계량경제학 강의용 교과서를 추천해 달라고 하였더니, 책장에 있는 많은 계량경제학 책을 살펴보시고는 이 책을 추천해 주셨다. 추천의 근거는 얇고 수학이 적다는 이유였는데, 수학에 거부감이 있는 학생들을 위해 가장 좋은 교과서였다. 이 책을 쓰면서 수학을 최대한 적게 사용한 이유는 Coop의 책을 교과서로 쓰면서 받은 영향도 컸다고 생각한다.

Maddala, G. S.(2001), *Introduction to Econometrics*, 3rd ed., Wiley.

저자가 통계적 방법론과 계량경제학을 이해하도록 해 준 책이다. 많은 영어로 된 계량경제학 교과서를 보았지만 수학을 쓰면서 가장 이해하기 쉽게 쓰여 있다는 것이 저자의 개인적인 의견이다. 영어로 자료 분석을 공부할 수 있는 학생들에게 항상 제일 먼저 추천하고 있다. 다만 Maddala 교수의 유작이기 때문에 더 이상 새로운 내용들이 업데이트되지는 않는다. 이 책을 저자에게 추천해 준 지인의 의견은 Maddala 교수는 책을 쓰는 데 타고 났다는 것이었고, 저자도 그 의견에 동의한다. 저자는 아직도 계량경제학을 강의할 때 행렬에 대한 강의는 Maddala 교수가 부록으로 행렬에 대해 설명한 내용으로 강의하고 있다.

Wooldridge, J. M.(2008), *Introductory Econometrics: A Modern Approach*, 4th ed., South-Western.

저자가 계량경제학에 대한 이해를 어느 정도 한 뒤, 강의를 위해 참고할 부분이 있을 경우 주로 참고하였던 책이다. 계량경제학과 자료 분석의 방법론들에 대하여 예제와 함께 잘 설명되어 있다. 지금도 필요한 부분이 있으면 이 책을 먼저 참고한다.

Wooldridge, J. M. 저, 박상수·한치록 역(2019), 『계량경제학1』, 제7판, 박영사.

Wooldridge 교수의 책을 한글로 번역한 책이다.

찾아보기

[ㅈ]

[ㅊ]

[ㅌ]

[ㅍ]

[ㅎ]